R.E.I. Editions

Tutti i nostri ebook possono essere letti sui seguenti dispositivi:
- Computer
- eReader
- iOS
- Android
- Blackberry
- Windows
- Tablet
- Cellulare

French Academy

Manipura

Il Terzo chakra

ISBN: 978-2-37297-2710

Pubblicazione: marzo 2016
Nuova edizione aggiornata: gennaio 2023
Copyright © 2016 - 2023 R.E.I. Editions
www.rei-editions.com

Piano dell'opera

1 - Muladhara - Il Primo Chakra

2 - Svadhishtana - Il secondo Chakra

3 - Manipura - Il Terzo Chakra

4 - Anahata - Il Quarto Chakra

5 - Vishuddha - Il Quinto Chakra

6 - Ajna - Il Sesto Chakra

7 - Sahasrara - Il Settimo Chakra

French Academy

Manipura
Il Terzo Chakra

R.E.I. Editions

Indice

Il sistema dei chakra 11

Manipura - Terzo Chakra 15

Come attivare il 3° chakra 24

Colore del terzo chakra 25

Oli essenziali associati al terzo chakra 34

    Arancio dolce 35

    Geranio 38

    Bergamotto 41

    Ginepro 45

    Menta 48

    Pompelmo 51

    Zenzero 55

    Limone 58

    Rosmarino 61

Fiori Himalayani associati al terzo chakra 64

    Strength 66

Fiori Californiani associati al terzo chakra 68

   Blackberry 70

   Larkspur 72

   Quince 73

   Sunflower 74

Fiori Australiani associati al terzo chakra 76

   Peach Flower Tea Tree 78

Fiori di Bach associati al terzo chakra 80

   Cerato 82

   Scleranthus 83

   Impatiens 84

   Gentian 85

   Gorse 86

   Hornbeam 88

   Wild Oat 89

   Crab Apple 91

   Vine 92

Numero del terzo chakra 93

Esercizi fisici 97

Pietre consigliate per il 3° Chakra 99

    Ambra 100

    Calcite gialla 103

    Occhio di tigre 105

    Pirite 108

    Pietra del Sole 109

    Quarzo citrino 111

    Quarzo rutilato 113

    Topazio Imperiale 115

Il sistema dei chakra

Con la parola Chakra si vogliono indicare i sette centri di base di energia nel corpo umano. I chakra sono centri di energia psichica sottile situati lungo la colonna vertebrale. Ciascuno di questi centri è connesso, a livello di energie sottili, ai gangli principali dei nervi che si ramificano dalla colonna vertebrale. In più i chakra sono correlati ai livelli della coscienza, agli elementi archetipici, alle fasi inerenti lo sviluppo della vita, ai colori, che sono strettamente legati ai Chakra, perché si trovano all'esterno del nostro corpo, ma all'interno dell'aura, vale a dire il campo elettromagnetico che avvolge ciascuna persona, ai suoni, alle funzioni del corpo e a molto, molto altro. La dottrina orientale che ne ha diffuso la conoscenza nel mondo occidentale considera i Chakra come aperture, porte di accesso all'essenza del corpo umano.

I chakra sono solitamente rappresentati dentro a un fiore di loto, con un numero variabile di petali aperti. I petali aperti rappresentano il chakra nella sua piena apertura. Su ogni petalo è scritta una delle cinquanta lettere dell'alfabeto sanscrito, le quali, sono considerate lettere sacre, quindi, espressione divina. Ciascuna di esse esprime, inoltre, una diversa attività dell'essere umano, un suo diverso stato, sia manifesto, sia ancora potenziale. Ogni chakra risuona su una frequenza diversa che corrisponde ai colori dell'arcobaleno.

I sette Chakra principali corrispondono, inoltre, alle sette ghiandole principali del nostro sistema endocrino.

La loro funzione principale è quella di assorbire l'Energia Universale, metabolizzarla, scomporla e convogliarla lungo i canali energetici fino al sistema nervoso, alimentare le aure e rilasciare energia all'esterno. Ciascuno dei sette centri ha sia una componente (solitamente dominante) anteriore sia una componente (solitamente meno dominante) posteriore, che sono collegati intimamente, fatta però eccezione per il primo e il settimo, che, invece, sono singoli.

Dal Secondo al quinto, l'aspetto anteriore si relaziona con i sentimenti e con le emozioni, mentre quello posteriore con la volontà. Per quanto riguarda il sesto anteriore e posteriore, e il settimo, la correlazione è con la mente e la ragione. Il primo e il settimo hanno, inoltre, l'importantissima funzione di collegamento per l'essere umano: essendo i Chakra più esterni del canale energetico, essi hanno la caratteristica di porre in relazione l'uomo con l'Universo da un lato e con la Terra dall'altro. Il perfetto funzionamento del sistema energetico è sinonimo di buona salute.

Ogni centro sovraintende a determinati organi, e ha particolari funzioni a livello emotivo, psichico e spirituale.

Tra i sette fondamentali, esistono delle precise affinità.

- Primo con Settimo: Energia di base con Energia spirituale.
- Secondo con Sesto: Energia del sentire a livello materiale con Energia del sentire a livello extrasensoriale.

- Terzo con Quinto: Energia della mente operativa e del potere personale con Energia della mente superiore e della comunicazione.
- Quarto: ponte tra i tre superiori ed i tre inferiori e fucina alchemica della trasformazione.

A ogni Chakra è associato un colore, che corrisponde e deriva dalla frequenza e dalla vibrazione del centro stesso. Inoltre a ogni Chakra corrisponde un mantra, il suono di una nota musicale e, in alcuni casi, anche un elemento naturale, un pianeta o un segno zodiacale. Poiché il sistema dei chakra è il centro d'elaborazione principale per ogni funzione del nostro essere, il bloccaggio o un'insufficienza energetica nei chakra provoca solitamente disordini nel corpo, nella mente o nello spirito. Un difetto nel flusso di energia che attraversa un dato chakra, provocherà un difetto nell'energia fornita alle parti connesse del corpo fisico, così come interesserà tutti i livelli dell'essere.

Ciò perché un campo di energia è un'entità Olistica; ogni parte di esso interessa ogni altra parte.

Gli oli essenziali sono in grado di sintonizzarsi con i chakra specifici: il loro profumo e la loro vibrazione ci mettono dolcemente in contatto profondo con i nostri centri energetici.

Il massaggio con specifici oli essenziali sui punti corrispondenti ai chakra, attiva ed equilibra la loro azione, armonizzando e rinforzando l'intero organismo.

Partendo dal basso, i sette chakra sono:
- 1° = Muladhara
- 2° = Swadhisthana

- 3° = Manipura
- 4° = Anahata
- 5° = Vhishuddhi
- 6° = Ajna
- 7° = Sahasrara

Ciascuno dei sette chakra, inoltre, viene a rappresentare un'area importante della salute psichica umana, che possiamo brevemente riassumere come:
1. Sopravvivenza
2. Sessualità
3. Forza
4. Amore
5. Comunicazione
6. Intuizione
7. Cognizione.

Metaforicamente i chakra sono in relazione ai seguenti elementi archetipici:
1. Terra
2. Acqua
3. Fuoco
4. Aria
5. Suono
6. Luce
7. Pensiero

Manipura - Terzo Chakra

Il terzo chakra è detto chakra del plesso solare, o chakra dell'ombelico. In lingua sanscrita viene chiamato Manipura, che significa città dei gioielli.
Ha come simbolo un fiore di loto giallo a dieci petali, su cui stanno le lettere Dam, Dham, Nam, Tam, Tham, Dam, Dham, Nam, Pam, Pham. Al centro del fiore stanno il triangolo rosso del Fuoco (Tejas), la sillaba/radice "Ram" e un ariete, tradizionale messaggero di Agni, il Signore Indù del Fuoco. Si colloca nel plesso solare/cupola del diaframma. Dal punto di vista psico-energetico, la sua funzione più importante è relativa all'affermazione personale e all'esercizio del potere individuale rispetto al sociale e all'ambiente in generale; indica la realizzazione della persona, quanto la persona vede realizzabile il suo desiderio di vita, quanto una persona vuole e desidera combattere per se stesso, quanto una persona si ama. Si sviluppa dai 4/6 anni fino al termine dell'infanzia, verso i 10/12 anni, permettendo al ragazzo/a di conquistare la propria indipendenza e realizzare la separazione emotiva dai genitori.
Le patologie principali espresse dal terzo Chakra riguardano tutte le malattie metaboliche, quali il diabete, le iperlipidemie, le insufficienze epatiche, la cirrosi, le ulcere gastriche e duodenali, i tassi glicemici, nonché tutte le patologie riguardanti i processi di nutrizione, digestione e assimilazione.

Dal punto di vista psico-energetico è a livello di questo Chakra che si generano le forze emotive dirette verso l'ambiente esterno: i sentimenti d'amicizia, il rancore, la simpatia, l'antipatia.

Il terzo chakra, in particolare, è l'espressione della consapevolezza che ciascuno ha di sé: quella capacità di provare piacere nel sapersi soddisfatti, ma anche l'umiltà che contraddistingue colui che sa di poter sempre migliorare, perché la crescita risiede nel cambiamento. E' il Chakra della volontà individuale, del carisma e dell'efficienza.
E' il fondamento della personalità sociale.

Un suo funzionamento eccessivo provoca incapacità di rimanere calmi, scoppi d'ira, iperattività, disturbi allo stomaco di origine nervosa; il funzionamento carente invece causa scarsa energia, timidezza, continuo bisogno di ricorrere a eccitanti o stimolanti.

Il funzionamento disarmonico di questo Chakra genera il desiderio sfrenato di potere, di manipolazione, per poter stravolgere la realtà sempre e a proprio favore; tendenzialmente si potrà notare un atteggiamento iperattivo, il quale viene messo in atto per nascondere il senso d'inadeguatezza e vuoto che è causato dall'impotenza a gestire le situazioni di potere assoluto che si pretenderebbe d'esercitare.

La serenità interiore sarà fortemente compromessa e, ovviamente, sarà principale la soddisfazione del benessere materiale, sia pure a discapito di qualunque sentimento piacevole, giungendo addirittura a ritenerli indesiderabili e fastidiosi.

Il soggetto che soffre di uno scompenso del terzo Chakra è portato a perdere il controllo delle proprie emozioni e a sviluppare un atteggiamento fortemente aggressivo, necessario per non permettere agli altri di mettere a nudo la propria pochezza interiore, fatto questo che smaschererebbe i giochi di potere di cui questo soggetto vive, creando una situazione di paralisi energetica che si esprimerebbe come impotenza disperata e disperante. Un esempio di questo soggetto sconfitto, può essere data dall'immagine di quelle persone in genere di mezza età, ma sempre più spesso anche giovani, che trascorrono il proprio tempo in attività annichilenti e distruttive, quali il bere, fare uso di droghe più o meno riconosciute come tali, e che in genere hanno in famiglia un atteggiamento fortemente aggressivo e prevaricatore. A questi, infatti, fa seguito una situazione fortemente depressiva.

In questo caso il soggetto avrà come obiettivo principale l'essere accettato e benvoluto dagli altri, e per raggiungere questo scopo negherà a se stesso per conformarsi al modo di pensare delle persone cui desidera piacere, soffocando e negando completamente i propri desideri ed emozioni; ciononostante, anzi, proprio a causa di questo atteggiamento frustante, aumenteranno le prepotenze e le angherie verso i membri della propria famiglia. Chakra potente e solare, rivela a ognuno il proprio diritto di esistere e la propria collocazione nell'Universo, promuovendo l'auto accettazione.

Attraverso la sua espressione totalmente armonica, l'essere umano è nel mondo con la pienezza dei propri attributi fisici e mentali e gli permette di agire sul piano materiale in modo sciolto e armonioso, promuovendo il godimento di ogni cosa. Se il terzo chakra non è perfettamente armonico può alimentare il proprio senso di inferiorità; possono diminuire le proprie capacità mentali reali, quali logica e razionalità, e aumentare, quindi, confusione e senso di insicurezza. Può succedere che venga alimentata la propria voglia di potere, di possesso e, conseguentemente, anche di sopraffazione nei confronti degli altri pur di ottenere e primeggiare. Volontà e potere rappresentano per tutti, nell'attuale società (soprattutto occidentale), una delle chiavi del successo, ma possono rappresentare, quando intesi in senso egoico di possesso e accaparramento, l'impossibilità di accesso consapevole agli altri chakra e, quindi, a una reale pienezza del proprio Essere.

Questo centro è chiamato anche Nabhi e si trova nella regione del plesso solare appena sotto il diaframma. Viene associato al benessere individuale e collettivo, all'accettazione del prossimo, alla forza di volontà individuale.

Sarebbe legato allo stomaco, all'intestino, al fegato, alla colecisti, alla milza, al pancreas.

Si bloccherebbe a causa di grandi spaventi (con contrazione dello stomaco) o per reazione a situazioni o persone che non vengono accettate e tale blocco provocherebbe incapacità di rimanere calmi, scoppi d'ira, iperattività, disturbi di origine nervosa. L'elemento di questo chakra è il fuoco. .

L'organo di senso rapportato al manipura sono gli occhi, sede della vista, mentre l'organo di azione è l'ano, cioè l'apparato escretore (comunque connesso anche con muladhara) che provvede a convogliare verso il basso le scorie prodotte dal processo di trasformazione e assimilazione che il fuoco compie.La caratteristica principale di questo chakra è il calore per cui la concentrazione operata su di esso favorisce il riscaldamento e la combustione.

Il bijamantra è «ram», cioè la lettera «ra» nasalizzata. E' il bijamantra del dio Agni, signore del fuoco montato sull'ariete, visualizzato come una divinità dal colore del sole nascente, fiammeggiante, con quattro braccia che recano in due mani il rosario e la lancia, mentre le altre due sono atteggiate nel gesto che dissipa la paura e nel

gesto del dono. Nel puntino che viene posto sulla lettera per nasalizzarla è inscritta un'altra divinità, Rudra, ovvero il dio Shiva, il dissolutore dell'universo, qui rappresentato come un vecchio di incarnato vermiglio, cosparso di cenere, con tre occhi e due braccia, le mani atteggiate nel gesto che dissipa la paura ed elargisce doni, seduto sul toro Nandin, sua cavalcatura. La Shakti qui si proietta come Lakini, terrificante dea su un loto rosso, ebbra d'ambrosia, fiammeggiante, di colore blu scuro, vestita di giallo, con le zanne, tre volti con un terzo occhio in ciascuno, quattro braccia, con la lancia e la folgore in due mani e le altre due atteggiate nel gesto che dissipa la paura e in quello del dono. E' ghiotta di carne ed è associata al tessuto muscolare.L'energia del chakra è ulteriormente specificata dalla presenza all'interno del triangolo di un ariete, anch'esso simbolo del potere solare, del potere del fuoco, di un'energia attiva, e di due dei, Rudra e Lakini: il primo è il trasformatore del creato, la seconda la benefattrice. L'uno separa, l'altra riunisce permettendo a tutte le cose di entrare in rapporto tra loro. D'altronde, il pianeta che le antiche scuole esoteriche fanno corrispondere a questo chakra è Mercurio, perché è appunto il simbolo della capacità di collegare, di mettere in rapporto le cose tra loro: il Mercurio alato, sospeso tra terra e cielo.
Nella zona dove si colloca questo chakra si trova un importantissimo plesso dell'S.N.A., il plesso solare che rappresenta il punto focale d'innervazione dell'apparato digerente: la funzione digestiva è infatti interamente «controllata» da questo plesso attraverso l'azione di due

organi «cavi», lo stomaco e l'intestino, e di due importanti organi «pieni», il fegato e il pancreas.

Al fegato è legato un altro piccolo organo cavo: la cistifellea. Questi organi permettono la digestione e l'assimilazione del cibo; ciò significa che il cibo, parte del mondo extra individuale che viene portata dentro l'individuo, arriva nello stomaco, «fornace» biologica dove, attraverso un fuoco chimico (ad esempio, l'acido cloridrico), il cibo viene digerito, «bruciato», cioè viene distrutta la sua forma e individualità, viene trasformato nelle sue componenti più semplici, anche attraverso l'azione del fegato e del pancreas, in modo tale da poter passare nell'intestino, luogo dove il cibo, ormai trasformato, viene assimilato, cioè portato nel sangue, a diretto contatto dell'individuo che lo ha mangiato, per poi divenire parte delle sue stesse cellule, cioè sua parte integrante. In questo modo il mondo individuale e quello extraindividuale vengono in contatto, si trasformano l'uno nell'altro. Perciò viene detto «noi siamo ciò che mangiamo», perché quel particolare tipo di «energia» che introduciamo resta dentro di noi, diviene parte di noi e, come parte che ci appartiene, possiamo anche conoscerlo (o «riconoscerlo»?).

L'apparato digerente ha, pertanto, la funzione di mettere in rapporto l'individuo con il mondo esterno attraverso un fuoco separatore e distruttore, che poi permette, però, un'assimilazione, ovverosia una benefica riunione all'interno di un'unica individualità. Notiamo qui che la prerogativa dell'uomo di essere, unico tra tutti gli animali, onnivoro, cioè di potersi nutrire di qualsiasi cibo, lo colloca ancora una volta all'apice dell'evoluzione. Infatti, se si prosegue in questa interpretazione del processo assimilativo e digestivo, ne consegue che l'uomo è in grado di venire in contatto, contenere, conoscere, tutte le individualità del macrocosmo, ovverosia che l'uomo è (o può essere) lo specchio integrale dell'universo, confermando l'analogia, cara all'Oriente e all'Occidente «esoterico», tra macrocosmo microcosmo. Collegata al chakra manipura, gli yogin citano la vista. Si può notare che la formazione embriologica delle papille ottiche (estroflessioni del tessuto nervoso cerebrale ectodermico), e successivamente dell'occhio, avviene solamente in presenza di un contatto tra la cupula del sacco vitellino (che è il primordiale apparato digerente, endodermico) e la zona delle papille ottiche. E' singolare che il contatto sia proprio tra il foglietto più esterno, l'ectoderma, e quello più interno, l'endoderma. L'occhio trasmette subito informazioni (cioè elementi recepiti dall'esterno) al cervello, la cui funzione di assimilare, contenere, trasformare, elaborare informazioni può essere considerata analoga, seppure su un piano più «sottile», a quella dell'intestino. La medicina cinese ha sempre sottolineato il rapporto tra fegato (quindi funzione digerente) e occhio, come appartenenti a un «sistema» comune. Anche per la medicina occidentale sono evidenti i rapporti tra le patologie epatiche e l'occhio (l'occhio giallo dell'itterico, l'occhio arrossato del cirrotico).

Infine, la vista è indubbiamente il senso che permette di «ingerire» il maggior numero di particolari del mondo esterno contemporaneamente (almeno per l'uomo in cui si sono affievoliti gli altri sensi) per consentire al cervello di «assimilarli».

Questo chakra é una sorta di "centralina" che controlla le funzioni metaboliche (soprattutto pancreas e fegato) del cibo e dell'energia; esso è quindi legato non solo alla trasformazione del cibo, ma anche all'assorbimento del prana (la bocca che respira) e alla "metabolizzazione" di tutti gli stimoli esterni e delle emozioni (ansia, paure, angosce, depressioni) che poi vengono trasmessi al cervello.

Come attivare il 3° chakra

- Apritevi all'energia del Sole, fate bagni di sole (seppur dosati) e ricaricatevi con il calore del sole.
- Aggiungete il colore giallo alla vostra vita, tramite vestiti di quel colore o circondatevi da tappezzeria gialla in casa.
- Mditate sull'elemento fuoco: a tale scopo sedetevi davanti al camino o intorno al fuoco di campo, oppure accendete qualche candela in casa.
- La vocale "O" aperta stimola il chakra: stando seduti inspirate e fate vibrare la "O" aperta mentre espirate, eseguendo l'esercizio per almeno 5 minuti.
- Godetevi sufficienti quantità di calore, tenetevi caldi soprattutto in inverno, fate la sauna e praticate sport.
- La musica che coinvolge i sensi rafforza il terzo chakra perciò scegliete brani di Chopin, Schubert e Brahms o ascoltate musica soul o moderna in base alle vostre preferenze.
- Imparate ad esprimere le vostre emozioni prendete lezioni di teatro o seguite un seminario sul linguaggio del corpo.

Colore del terzo chakra

Per la cromoterapia, ma non solo, il giallo rappresenta un colore vitale che sottolinea la ricerca del nuovo. Ecco che questo potere che contraddistingue il giallo nella cromoterapia viene utilizzata in diverse circostanze di disagio psicofisico, apatia e depressione. Il giallo sembra essere ancora più efficace in situazioni di disordine alimentare, nei casi di inappetenza e anoressia cronica, in quanto le specifiche vibrazioni cromatiche sono in grado di stimolare il metabolismo e il senso di fame. L'utilizzo del giallo stimola la razionalità e la parte sinistra del cervello, migliorando inoltre le funzioni gastriche e tonificando il sistema linfatico. Aiuta ad eliminare le tossine attraverso il fegato e l'intestino. Nell'antico Egitto questo colore veniva associato al Dio del Sole, che rappresentava la forza e la vitalità. In Cina, invece, era una cromia associata alla spiritualità e alla sacralità del Buddha.

- Il giallo porta rilassamento dove c'è tensione nella muscolatura dovuto a nervosismo, tensione, paura, ansia.
- Indicato per le persone che sentono mancanza di coinvolgimento hanno desiderio di controllo e profonda insicurezza. Stimola l'attività mentale e porta fiducia e sicurezza donando gioia.
- Essendo un colore stimolante, è da evitare invece nei casi di isteria e negli stati infiammatori acuti (coliti, gastriti).

- Gli effetti sulla psiche: costituente del sistema nervoso è un forte stimolatore di allegria, senso di benessere, estroversione e lucidità cosciente.

E' un'energia di tipo "caldo".
Il giallo è più leggero del rosso e quindi più suggestivo che stimolante per cui il suo impulso agisce a sprazzi. Il giallo è il colore del distacco emozionale e in quanto tale, ci aiuta anche a prendere le questioni lavorative più alla leggera, alleggerendo il carico di stress.

☐ Chi predilige il colore Giallo è una persona estroversa che accoglie con gioia le novità ed è solitamente dotata di una fervente immaginazione. Chi preferisce il colore Giallo manifesta una vitalità a fasi alterne con picchi più o meno alti. Molto prolifico in fatto di idee che applica al mondo reale è soggetto anche a rapidi cambiamenti di fronte. Ha molte aspettative sul suo futuro e adora rinnovarsi e fare nuove esperienze. Tende spesso a cercare l'approvazione delle persone che lo circondano e fa il possibile perché sia ammirato. Inoltre soffre la solitudine.

- Chi rifugge dal colore Giallo si sente spesso deluso nelle sue aspettative e poco stimato dalle persone che fanno parte della sua cerchia di conoscenze. Cade spesso nella trappola della poca fiducia nei suoi mezzi anche se questa lacuna può essere colmata anche solo riaccumulando energia perduta.

Il giallo è, quindi, il colore del 3° chakra.

Il terzo chakra è detto chakra del plesso solare, o chakra dell'ombelico. In lingua sanscrita viene chiamato Manipura, che significa città dei gioielli. Ha come simbolo un fiore di loto giallo a dieci petali, su cui stanno le lettere Dam, Dham, Nam, Tam, Tham, Dam, Dham, Nam, Pam, Pham. Al centro del fiore stanno il triangolo rosso del Fuoco (Tejas), la sillaba/radice "Ram" e un ariete, tradizionale messaggero di Agni, il Signore Indù del Fuoco.

Si colloca nel plesso solare/cupola del diaframma. Dal punto di vista psico-energetico, la sua funzione più importante è relativa all'affermazione personale e all'esercizio del potere individuale rispetto al sociale e all'ambiente in generale; indica la realizzazione della persona, quanto la persona vede realizzabile il suo desiderio di vita, quanto una persona vuole e desidera combattere per se stesso, quanto una persona si ama. Si sviluppa dai 4/6 anni fino al termine dell'infanzia, verso i 10/12 anni, permettendo al ragazzo/a di conquistare la propria indipendenza e realizzare la separazione emotiva dai genitori.

Le patologie principali espresse dal terzo Chakra riguardano tutte le malattie metaboliche, quali il diabete, le iperlipidemie, le insufficienze epatiche, la cirrosi, le ulcere gastriche e duodenali, i tassi glicemici, nonché tutte le patologie riguardanti i processi di nutrizione, digestione e assimilazione. Dal punto di vista psico-energetico è a livello di questo Chakra che si generano le forze emotive dirette verso l'ambiente esterno: i sentimenti d'amicizia, rancore, simpatia, antipatia.

Il terzo chakra, in particolare, è l'espressione della consapevolezza che ciascuno ha di sé: quella capacità di provare piacere nel sapersi soddisfatti, ma anche l'umiltà che contraddistingue colui che sa di poter sempre migliorare, perché la crescita risiede nel cambiamento. È il Chakra della volontà individuale, del carisma e dell'efficienza.

Esso è il fondamento della personalità sociale.

Un suo funzionamento eccessivo provoca incapacità di rimanere calmi, scoppi d'ira, iperattività, disturbi allo stomaco di origine nervosa; il funzionamento carente invece causa scarsa energia, timidezza, continuo bisogno di ricorrere a eccitanti o stimolanti.

Il funzionamento disarmonico di questo Chakra genera il desiderio sfrenato di potere, di manipolazione, per poter stravolgere la realtà sempre e a proprio favore; tendenzialmente si potrà notare un atteggiamento iperattivo, il quale viene messo in atto per nascondere il senso d'inadeguatezza e vuoto che è causato dall'impotenza a gestire le situazioni di potere assoluto che si pretenderebbe d'esercitare. La serenità interiore sarà fortemente compromessa e, ovviamente, sarà principale la soddisfazione del benessere materiale, sia pure a discapito di qualunque sentimento piacevole, giungendo addirittura a ritenerli indesiderabili e fastidiosi. Il soggetto che soffre di uno scompenso del terzo Chakra è portato a perdere il controllo delle proprie emozioni e a sviluppare un atteggiamento fortemente aggressivo, necessario per non permettere agli altri di mettere a nudo la propria pochezza interiore, fatto questo che smaschererebbe i giochi di potere di cui questo soggetto vive, creando una situazione di paralisi energetica che si esprimerebbe come impotenza disperata e disperante. Un esempio di questo soggetto sconfitto, può essere data dall'immagine di quelle persone in genere di mezza età, ma sempre più spesso anche giovani, che trascorrono il proprio tempo in attività annichilenti e distruttive, quali il bere, fare uso di droghe più o meno riconosciute come tali, e che in genere hanno in famiglia un atteggiamento fortemente aggressivo e prevaricatore.

A questi, infatti, fa seguito una situazione fortemente depressiva. In questo caso il soggetto avrà come obiettivo principale l'essere accettato e benvoluto dagli altri, e per raggiungere questo scopo negherà a se stesso per conformarsi al modo di pensare delle persone cui desidera piacere, soffocando e negando completamente i propri desideri ed emozioni; ciononostante, anzi, proprio a causa di questo atteggiamento frustante, aumenteranno le prepotenze e le angherie verso i membri della propria famiglia.

Chakra potente e solare, rivela a ognuno il proprio diritto di esistere e la propria collocazione nell'Universo, promuovendo l'auto accettazione. Attraverso la sua espressione totalmente armonica, l'essere umano è nel mondo con la pienezza dei propri attributi fisici e mentali e gli permette di agire sul piano materiale in modo sciolto e armonioso, promuovendo il godimento di ogni cosa.

Se il terzo chakra non è perfettamente armonico può alimentare il proprio senso di inferiorità; possono diminuire le proprie capacità mentali reali, quali logica e razionalità, e aumentare, quindi, confusione e senso di insicurezza. Può succedere che venga alimentata la propria voglia di potere, di possesso e, conseguentemente, anche di sopraffazione nei confronti degli altri pur di ottenere e primeggiare. Volontà e potere rappresentano per tutti, nell'attuale società (soprattutto occidentale), una delle chiavi del successo, ma possono rappresentare, quando intesi in senso egoico di possesso e accaparramento, l'impossibilità di accesso consapevole agli altri chakra e, quindi, a una reale pienezza del proprio Essere.

Sarebbe legato allo stomaco, all'intestino, al fegato, alla colecisti, alla milza, al pancreas. Si bloccherebbe a causa di grandi spaventi (con contrazione dello stomaco) o per reazione a situazioni o persone che non vengono accettate e tale blocco provocherebbe incapacità di rimanere calmi, scoppi d'ira, iperattività, disturbi di origine nervosa.

L'elemento di questo chakra è il fuoco. L'organo di senso rapportato al manipura sono gli occhi, sede della vista, mentre l'organo di azione è l'ano, cioè l'apparato escretore (comunque connesso anche con muladhara) che provvede a convogliare verso il basso le scorie prodotte dal processo di trasformazione e assimilazione che il fuoco compie. La caratteristica principale di questo chakra è il calore per cui la concentrazione operata su di esso favorisce il riscaldamento e la combustione.

La scelta del giallo quindi è ricerca del nuovo, del cambiamento, della liberazione dagli schemi. Sinonimo di vivacità, estroversione, leggerezza, crescita e cambiamento. Chi indossa giallo si sente bene con se stesso; è, infatti, il colore associato al senso di identità, all'Io, all'estroversione. Denota sempre una forte personalità, dominante, intellettuale, coraggioso, responsabile, insicuro, coordinato, socievole e cordiale. E' controindicato in tutte le situazioni di eccessivo nervosismo e irritabilità, palpitazioni acute e dissenteria. Gli alimenti di colore giallo, come limoni, pompelmi, arance, peperoni, melone, ananas, prugna gialla, banane, oli vegetali sono i più ricchi di vitamina C che rafforza le difese immunitarie e ha un effetto depurativo su tutto l'organismo.

Contengono inoltre due antiossidanti, la zeaxantina e la luteina, che rinforzano la vista. E poi, carotene in abbondanza, essenziale per proteggere le cellule dall'invecchiamento. Il giallo è allegro, solleva il morale e trasmette gioia in ogni ambiente. E' il colore più chiaro della scala colori e ha un effetto ravvivante su ogni stanza, anche nelle tonalità più pure e intense.

Il giallo riempie la casa di sole indipendentemente dai toni che avete scelto: caldi come zafferano, girasole, ocra oppure freddi come il giallo limone, primula o burro. Il giallo è il colore ideale se volete una stanza piena di luce e di raggi di sole: anche colori freddi come i verdi e i blu diventano più caldi, e i colori neutri più interessanti. Non è un caso che in Provenza prevalgano il giallo limone e l'ocra.

Alcune sfumature di giallo danno una sensazione di caldo e luccicano come l'oro. Ma ci sono anche dei toni più freddi come il giallo primula. Uno sgargiante giallo limone, soprattutto se accostato con un verde brillante e un turchese chiaro, comunica energia. Stanze con poca luce acquistano calore e freschezza.

Il giallo porta accenti caldi in ambienti piuttosto freddi e valorizza i dettagli, ma si può utilizzare anche su superfici più ampie per i suoi toni chiari e luminosi adatti a stanze di ogni grandezza e a tutte le condizioni di luce. Il giallo aumenta l'attrattiva di stanze soleggiate e dona calore e luce a quelle più fredde esposte a nord; per questo si usa spesso il giallo, quando la luce naturale è scarsa.

Blu e giallo sono una combinazione molto allegra, che evoca gioiose visioni di mare e sabbia, girasoli e cielo estivo. Un intenso giallo uovo è un colore forte e richiede accostamenti forti.

E' splendido con il blu marine e con un fresco verde foglia. Il grigio-azzurro, il verde-menta e il carta da zucchero si abbinano meglio al giallo primula e al color burro. Il giallo dovrebbe essere usato nelle sale riunioni e conferenze e nelle aule scolastiche, per favorire una migliore comunicazione. E' adatto anche in sala da pranzo o in salotto per la sua naturale vitalità, capace di creare un'atmosfera confortevole e accogliente.

Indicazioni:

- Bronchiti

- Milza: esercita una funzione inibitoria sulla milza, funge da purgativo, regolarizza il flusso biliare, combatte i parassiti.
- Estetica: viene utilizzato prevalentemente in caso di pelle grassa, asfittica, acneica e nella stasi linfatica. La sua azione è ristrutturante, bio rivitalizzante e soprattutto antiossidante. E' attivo spesso abbinato ad altri colori nella pelle impura con tendenza acneica, nell'epidermide asfittica, stressata e priva di tono. Con il giallo il funzionamento delle cellule migliora e la pelle ne guadagna in elasticità, freschezza e bellezza.
- Esaurimento nervoso
- Intossicazioni della pelle: L'irradiazione di giallo facilita la scomparsa di cicatrici, anche da acne.
- Scarsa concentrazione: Aumenta l'efficienza, amplifica le capacità comunicative ed espressive, incoraggia la concentrazione e la chiarezza di ragionamento, stimola la memoria e le capacità di riflessione. Scrivere su fogli giallo chiaro aiuta a chiarificare le idee se queste si presentano confuse.
- Sedentarietà: Un'irradiazione della durata di venti minuti con il giallo e l'assunzione dell'acqua solarizzata dello stesso colore, serve a mantenere la linea in soggetti sedentari e per chi ha tendenza a ingrassare.

Oli essenziali associati al terzo chakra

Arancio dolce, Geranio, Ginepro, Menta, Pompelmo, Zenzero, Bergamotto, Limone, Rosmarino attivano il terzo chakra. Miscelare ogni singolo olio essenziale con un olio vettore, ad esempio olio di jojoba o di mandorle, nel rapporto di 2 gocce per cucchiaio di olio vettore, quindi 2 gocce ogni 10 ml di vettore. Essendo questo un "trattamento vibrazionale" una miscela molto diluita avrà un'azione più profonda e marcata. Massaggiare il chakra su cui si vuole lavorare con la miscela contenente l'olio essenziale scelto. Utilizzare poche gocce e applicarle lentamente con la punta delle dita e con un movimento circolare in senso orario. Mentre si massaggia il Chakra focalizzarsi sul risultato che si vuole ottenere, visualizzando l'energia armonica dell'olio mentre apre e riequilibra il chakra. Dopo il trattamento rimanere distesi e rilassati per un po', permettendo al Chakra di riequilibrarsi. Respirare profondamente e lentamente, cercando di liberare e svuotare la mente il più possibile.

In alternativa al massaggio, aggiungere qualche goccia dell'olio essenziale scelto per il trattamento al diffusore di essenze.

Concentrarsi e focalizzarsi sulla propria intenzione terapeutica, visualizzare l'energia aromaterapica dell'olio essenziale, aprire e riequilibrare il chakra. Rilassarsi per almeno una mezz'ora.

Arancio dolce

L'olio essenziale di arancio dolce è popolare in aromaterapia per le sue proprietà ansiolitiche e calmati. In aromaterapia è usato contro stati d'ansia e stress. Perfetto da usare come profumatore d'ambiente nella stanza di uno studente in procinto di un esame. E' usato come rimedio naturale per altri disturbi emotivi come depressione e nervosismo. L' olio essenziale di arancio stimola la produzione di bile e accelera la peristalsi intestinale: la sua azione è perciò efficace nel contrastare la costipazione. Ha un effetto leggermente ipnotico, agisce come calmante: è perciò utile per trattare i disturbi nervosi, l'insonnia.

Combatte inoltre le infezioni, ha azione diuretica e febbrifuga, è un tonico muscolare e nervoso, stimola e rinforza le difese naturali. Inoltre l' olio essenziale di arancio agisce efficacemente anche sulla pelle; combatte le rughe e facilita il ricambio cellulare; rassoda i tessuti e contrasta eczemi e dermatosi. Sono necessari 300 kg di bucce per ottenere 1 litro di olio essenziale, dal profumo caldo e dolce, di un colore che va dal giallo arancio al rosso scuro.

La sua patria è la Cina e sembra che sia stato importato in Europa appena nel secolo XIV dai marinai portoghesi. Ma alcuni antichi romani ne parlano già nel I secolo; veniva coltivato in Sicilia e lo chiamavano melarancia, il che potrebbe significare che il frutto avesse raggiunto l'Europa via terra.

L'antica tecnica di estrazione dell'olio essenziale di Arancio dolce era detta sfumatura. Gli sfumatori erano artigiani molto esperti che tagliavano il frutto in due parti sfregando la porzione esterna della buccia su una spugna. Così facendo rompevano le vescicole che si trovano sulla buccia del frutto, raccogliendo l'olio essenziale che fuoriusciva, l'acqua contenuta nella buccia e un po' di succo che colava.

La loro abilità consisteva nell'esercitare la giusta pressione, in modo tale da non far colare troppo succo e procedere velocemente nel lavoro. Dopodiché le spugne venivano strizzate bene in un recipiente per la raccolta. Il liquido, lasciato riposare, si divideva e la parte di sopra era costituita dall'olio essenziale, più leggero dell'acqua e insolubile in essa. Oggi l'opera degli sfumatori è svolta da macchine dette sfumatrici e la separazione dei due liquidi si fa attraverso centrifugazione.

Questo metodo permette di ottenere più facilmente un olio pregiato, senza impiego di solventi chimici.

- Parte utilizzata: la buccia detta anche scorza.
- Metodo di estrazione: spremitura a freddo dei frutti freschi.
- Nota di testa: profumo dolce, fresco, fruttato.

Bagno rilassante

E' considerato un blando sedativo e usato per combattere l'insonnia in modo naturale. Prima di andare a letto, concedersi un lungo bagno rilassante in vasca con acqua calda e 15 gocce di essenza di arancio dolce da emulsionare con sali del mar Morto (o comune sale grosso da cucina) e agitando bene l'acqua prima di immergersi.

Doccia

3-4 gocce su un guanto di spugna bagnato massaggiare delicatamente tutto il corpo.

Diffusione ambientale

1 goccia di olio essenziale di arancio dolce per ogni mq dell'ambiente in cui si diffonde, mediante bruciatore di oli essenziali o nell'acqua degli umidificatori dei termosifoni.

Controindicazioni

Solo per uso esterno. Il suo uso prolungato sulla pelle specie del viso può essere poco indicato, non va usato prima di esporsi ai raggi solari per l'abbronzatura, renderebbe la pelle sensibile e soggetta a screpolature o scottature anche gravi.

Geranio

In aromaterapia l'olio essenziale di geranio viene utilizzato in caso di acne, ansia, depressione, stress, insonnia e mal di gola.
L'olio essenziale di geranio ha proprietà antibatteriche, antidepressive, antinfiammatorie, antisettiche, astringenti, diuretiche, repellenti e toniche. Ciò lo rende adatto all'impiego per numerose problematiche legate alla salute e al benessere. Viene utilizzato anche per favorire la stabilità emotiva, per alleviare i dolori grazie alle sue proprietà antidolorifiche, per stimolare la guarigione di ustioni e ferite grazie alle sue proprietà cicatrizzanti, per migliorare l'umore e per ridurre l'infiammazione. E' utile per eseguire dei massaggi a livello delle gambe per riattivare la circolazione.
Originario del Sud Africa, il geranio fu introdotto in Europa nel XVII secolo dai coloni inglesi e olandesi, che al rientro dalle Indie, si fermavano con le loro navi a Capo di Buona Speranza per approvvigionarsi.
Nel nostro continente ha cominciato a essere coltivato, soprattutto nella fascia mediterranea, che ha un clima simile a quello della sua provenienza. Il geranio è composto da centinaia di specie diverse, ognuna caratterizzata da propri colori, intensità di profumo, petali e grado di resistenza alle temperature. In passato era ampiamente usato per combattere le emorragie grazie alla sua forte azione astringente e cicatrizzante; oggi è diffusissimo, soprattutto come pianta

ornamentale e il suo olio essenziale è usato dall'industria cosmetica e da quelle alimentare e liquoristica.

L'olio che si estrae dal geranio, appena distillato, si presenta come un liquido verde dall'odore dolciastro e molto delicato, il quale poi viene lavorato e miscelato secondo le necessità o lasciato allo stato puro.

- Parte utilizzata: foglie e fiori.
- Metodo di estrazione: distillazione in corrente di vapore
- Nota di cuore: profumo fresco, dolce, floreale.

Riequilibrante

E' utilizzato in aromaterapia per incrementare l'immaginazione e l'intuito così da riuscire a trovare soluzioni in situazioni ingarbugliate, o difficili. Stimola la voglia e il desiderio di esprimersi e di tirare fuori quello che si sente nel profondo, aiuta a prendere coscienza e bilanciare il dare-avere. Adattissimo alle persone che non sanno cosa desiderano stimola in loro la motivazione. Attira a noi tutto ciò che è positivo. Contribuisce a favorire il sonno e il relax. Si può applicare qualche goccia su un fazzoletto da posizionare sul comodino o da tenere vicino al cuscino, oppure fare un massaggio al collo e alle spalle prima di andare a dormire.

Tonificante

Indicato nei massaggi per riattivare la circolazione sanguigna, per combattere la cellulite, e nel trattamento, prevenzione o normalizzazione dei disturbi che traggono origine da un malfunzionamento del sistema circolatorio, come varici, fragilità capillare e couperose. L'olio essenziale di geranio è considerato utile per prevenire e alleviare le rughe. Ecco perché viene impiegato come ingrediente nelle creme anti-age. Si può aggiungere una sola goccia di olio essenziale di geranio alla crema idratante che utilizzata di solito per il viso. Come doposole, diluire 5 gocce di olio essenziale di Geranio, 5 di Camomilla e 1 di Menta Piperita in un cucchiaio di Olio di Jojoba e aggiungere al bagno e/o frizionare prima di andare a dormire.

Controindicazioni

L'olio essenziale di geranio è considerato sicuro, per cui non ci sono particolari precauzioni alle quali attenersi. E' importante ricordare che l'utilizzo improprio degli oli essenziali può essere dannoso, per cui affidarsi sempre ai consigli di un'erborista.

Bergamotto

Alcuni fanno derivare il suo nome dal turco beg armudi = "pero del signore", per la sua similarità con la forma della pera bergamotta; altri dalla città di Bergamo dove il suo olio fu venduto la prima volta. Non si conosce l'esatta genesi di questo agrume, il colore giallo indicherebbe una derivazione per mutazione genetica a partire da preesistenti specie agrumarie quali limone, arancia amara o limetta.

Alcune leggende lo vedono originario delle isole Canarie, da cui sarebbe stato importato per opera di Cristoforo Colombo, altre fonti propendono per Cina, Grecia, o dalla città di Berga in Spagna. Una di queste leggende narra la storia del moro di Spagna, che vendette un ramo, per diciotto scudi, ai signori Valentino di Reggio Calabria, i quali lo innestarono su un arancio amaro, in un loro possedimento nella contrada "Santa Caterina". In questa provincia il bergamotto ha uno dei suoi migliori habitat: in nessun'altra parte del mondo vi è un luogo in cui questo agrume fruttifichi con la stessa resa e qualità di essenza.

Il Bergamotto è un agrume che deriva probabilmente da un incrocio fra arancio amaro e limetta acida, anche se molti lo ritengono una specie vera e propria denominata Citrus bergamia Risso (di origine cinese).

La sua presenza in Calabria è presumibile tra il XIV e il XVI secolo.

Nel 1750 sarebbe stato impiantato intorno il primo "bergamotteto". Il 90% della produzione totale di bergamotto arriva dalla Calabria. Gli oli essenziali di bergamotto, in virtù della loro straordinaria fragranza, sono impiegati nella produzione industriale di profumi, dolci e liquori. E' un'essenza che, grazie alla sua freschezza, rappresenta l'elemento di base per la produzione di numerose acque di Colonia e cosmetici. Infatti, anche se è coltivato in Costa d'Avorio, Argentina, Brasile la qualità dell'essenza ottenuta non è comparabile con quella dei bergamotti calabri.

- La sua coltivazione si è sviluppata soprattutto per la produzione di profumi e più in generale nell'industria cosmetica. Nella città di Colonia, Paolo Feminis iniziò a produrre l'Aqua admirabilis un profumo a base di bergamotto. Il vero e proprio sviluppo nella produzione del profumo è però merito di un suo nipote, Gian Maria Farina, emigrante italiano, che nel 1704 avviò in quella città la produzione dell'Acqua di Colonia.

Qualunque sia la sua storia o l'etimologia del suo nome, l'olio essenziale di bergamotto, si usa da tempo nella medicina popolare, per la cura di febbre, inclusa la malaria, e per i parassiti intestinali.

- Parte utilizzata - buccia del frutto quasi maturo.
- Metodo di estrazione - spremitura a freddo.
- Nota di testa: profumo tenue, fresco, fruttato e leggermente balsamico.

Antidepressivo

In aromaterapia trova impiego nel combattere lo stress e per ridurre gli stati di agitazione, confusione, depressione e paura, riportando ottimismo e serenità. Se inalato, induce uno stato d'animo gioioso e dinamico, eliminando i blocchi psicologici. Rende capaci di dare e ricevere amore, di irradiare felicità intorno a sé e curare gli altri. Aggiungere 8 gocce a 30-40 ml di olio di jojoba o mandorle dolci e massaggiare delicatamente, con movimenti circolari, le tempie oppure, in alternativa, due gocce sul fazzoletto, da inalare al bisogno.

Calmante

Agisce sul sistema nervoso contrastando gli stati d'ansia, è un efficace rimedio in caso di insonnia, perché rilassa, conciliando il sonno.

Controindicazioni

L'olio essenziale di bergamotto è molto pregiato e quindi facilmente soggetto a contraffazioni; viene tagliato con essenze sintetiche o di scarsa qualità.
E' importante che la scelta cada su prodotti di qualità che ripagano in termini di benefici, l'olio deve esser purissimo. L'olio essenziale di bergamotto non deve mai essere usato puro perché molto concentrato e può essere troppo aggressivo a causa della presenza di terpeni.

La sua efficacia si esalta se diluito in una sostanza vettore, a una concentrazione mai superiore all'1% (circa 3 o 4 gocce per 100 ml). L'olio essenziale di bergamotto è fototossico, per cui se applicato sulla pelle evitare esposizioni solari. Le furocumarine, come il bergaptene, causano sulla cute sensibilizzazione e pigmentazione, in seguito a esposizione a luce solare diretta. E', pertanto, necessaria precauzione se l'olio si applica sulla cute. A parte ciò l'olio essenziale di bergamotto è atossico e non irritante. Non usare in gravidanza, allattamento e in bambini piccoli.

L'olio essenziale di bergamotto deve essere protetto dalla luce solare, perché il bergaptene, uno dei suoi componenti, diventa tossico se esposto alla luce solare.

Ginepro

Conosciuto per le sue numerose proprietà, è utile per l'apparato circolatorio e disturbi come mal di schiena o dolori muscolari. Una delle proprietà principali di questa pianta è quella di essere un potente detossinante. Il suo olio è ottimo per favorire il drenaggio e l'eliminazione dei cataboliti cellulari (tossine). La sua attività si esplica favorevolmente a livello della circolazione linfatica, promuovendo l'eliminazione delle scorie attraverso la diuresi.

La sua azione antidolorifica e benefica su reumatismi e artrite è ormai molto nota, come è anche riconosciuta la sua efficacia sulle tendiniti, sulle fasciti e sulle contratture muscolari, in particolar modo in ambito fisioterapico e sportivo. Unitamente ad artiglio del diavolo e olio essenziale di eucalipto, il ginepro può essere applicato, con un massaggio sportivo decontratturante, sui muscoli contratti al fine di distendere sciogliere tensioni e contratture e apportare beneficio a muscoli tesi e doloranti.

Dalla distillazione del Ginepro si ottengono liquori come il gin, la grappa e i super alcolici.

Le sue bacche sono molto utilizzate in cucina per condire la cacciagione, al fine di coprire l'odore di selvaggina e renderle anche più digeribili. Come tutte le piante fortemente aromatiche il ginepro e i suoi derivati esplicano un'azione aperitiva e stimolante della funzionalità epigastrica.

Noto fin dall'antichità soprattutto per le sue proprietà depurative e antisettiche, i suoi rami venivano bruciati per disinfettare le navi provenienti da zone in cui si erano verificate epidemie; cosa che viene fatta ancora oggi negli allevamento dei bachi da seta, per purificare i ricoveri degli insetti. Dalla distillazione delle sue bacche, si ottiene un forte liquore chiamato appunto "gin". Il ginepro era ed è tuttora, una pianta apprezzata dai montanari per aromatizzare grappe e arrosti. I cacciatori sanno molto bene che i tordi sono ghiotti di galbuli di ginepro e che la loro carne assume per questo motivo un sapore particolarmente prelibato.

- Parte utilizzata: bacche verdi e giovani rami.
- Metodo di estrazione: distillazione in corrente di vapore. Si effettua nei periodi più freddi dell'anno per ridurre la perdita dei principi attivi per evaporazione che è maggiore nei mesi caldi.
- Nota di base: profumo fresco, dolce, balsamico.

Antinfiammatorio

Viene usato con beneficio contro mal di testa, dolori reumatici, artrosi, artrite, gotta e altre infiammazioni del sistema osteoarticolare: frizionando sulla parte dolorante una miscela di olio essenziale e olio vegetale, viene stimolata la produzione corporea di cortisone, con uno spiccato effetto analgesico.

Distensivo

Ottimo decontratturante per il sistema muscolare e tendineo scioglie i muscoli ed è indicato soprattutto per gli atleti dopo l'attività fisica sportiva o in caso di tensione, dolori e mal di schiena e stress.

Bagno distensivo

Nell'acqua della vasca mettete 12 gocce di olio essenziale di ginepro. Rimanete immersi nella vasca, al buio, per almeno una ventina di minuti.
Questo bagno risulta più efficace se fatto la sera, prima di coricarsi contro reumatismi e dolori muscolari.

Controindicazioni

Solo per uso esterno.
L'olio essenziale di ginepro non va mai applicato direttamente sulla pelle, perché può irritare. È vietato l'uso del Ginepro in gravidanza poiché espleta un'azione stimolante sulla muscolatura liscia, con conseguente contrazione delle pareti uterine; è consigliato invece il suo utilizzo nel periodo post partum per favorire invece la chiusura del collo dell'utero. Non è mai consigliabile un uso interno di quest'olio essenziale senza stretto controllo medico, comunque in nessun caso in presenza di malattie renali.

Menta

L'olio di menta ha molte proprietà e il suo uso si rivela benefico, per combattere differenti problemi, come quelli gastrointestinali, i dolori reumatici, i disturbi dermatologici. Inoltre è efficace per contrastare tutti i sintomi dell'influenza e del raffreddore e aiuta contro l'ansia e l'insonnia. Fra gli usi c'è anche quello per la cosmesi, grazie al fatto che l'olio essenziale di menta piperita ha delle ottime proprietà rinfrescanti.
Il nome "menta" deriva dal greco Mintha, una ninfa figlia di Cocito, uno dei cinque fiumi degli Inferi, amata da Plutone e trasformata in pianta dalla dea Persefone, sua sposa. Secondo la mitologia, la dea scoprì il tradimento del marito e, presa da un impeto di gelosia, volle vendicarsi trasformandola in una piantina poca vistosa e all'apparenza insignificante, relegandola a crescere vicino le sponde dei fiume paterno, in prossimità delle acque.
Tuttavia? per non sdegnare del tutto Plutone permise che la piantina possedesse ancora qualcosa di piacevole in ogni parte del suo corpo: l'aroma fresco del suo profumo. Già Plinio enumerò tutte le sue proprietà, esaltandone la fragranza, "in grado di eccitare l'animo e di stimolare l'appetito". I preparati a base di menta, secondo lo storico romano, guarivano l'angina tonsillare, gli sputi sanguigni della tubercolosi, il singhiozzo, il vomito, e aiutavano a eliminare i parassiti.

Nel XVIII sec. Nicolò Lemery, nel suo Trattato delle droghe semplici, espose una sua interpretazione relativa alle presunte virtù eccitanti e toniche della pianta: "Mentha è dedicata a mente perché questa pianta fortificando il cervello, risveglia i pensieri o la memoria".

- Parte utilizzata: foglie e sommità.
- Metodo di estrazione: distillazione in corrente di vapore.
- Nota di testa: profumo fresco, forte, dolce-amaro, pungente.

Antistress

Se inalato, ha un effetto rinfrescante e rigenerante sulla psiche. Viene efficacemente impiegato per favorire la concentrazione durante lo studio per esami, o per migliorare il rendimento in ufficio. L'olio essenziale di menta svolge inoltre un'azione tonificante, utile in caso di affaticamento psico-fisico e problemi di tipo neurovegetativo, dovuti a stati di stress, come ansia, insonnia, depressione.

Diffusione ambientale

1 goccia di olio essenziale di menta, per ogni mq dell'ambiente in cui si diffonde, mediante bruciatore di oli essenziali o nell'acqua degli umidificatori dei termosifoni, per un effetto rigenerante e purificante negli ambienti dei fumatori e nelle stanze di chi studia.

Antiemetico

Le proprietà calmanti di quest'essenza aiutano a diminuire il disagio di nausea e vomito, per questa ragione è consigliabile avere l'olio essenziale di menta sempre a portata di mano durante i viaggi, per contrastare il mal d'auto.

Controindicazioni

Non applicare l'olio essenziale di menta allo stato puro sulla pelle, ma mescolarla sempre con un olio di base (olio di Jojoba, olio di mandorle dolci). Non è adatto ai bambini di età inferiore ai 12 anni. E' opportuno che chi segue una cura omeopatica eviti l'uso dell'olio essenziale di menta piperita, perché si potrebbero verificare delle interazioni. Fare attenzione agli occhi, in quanto è altamente irritante per le mucose.
Non superare le dosi consigliate.

Pompelmo

Conosciuto per le sue numerose proprietà, svolge un'azione riequilibrante, tonificante per i muscoli e dimagrante sugli accumuli di grassi. L'olio essenziale di pompelmo è ottimo per la composizione di unguenti da usare per massaggi anti-cellulite. Il pompelmo un antico ibrido, probabilmente tra l'arancio dolce e il pomelo, ma da secoli costituisce specie autonoma che si propaga per talea e per innesto.

- L'industria ricava oli essenziali dalla buccia; per ottenere 1 kg di essenza di pompelmo servono 200 kg di scorza, circa 2.000 pompelmi.

Il pompelmo è l'unico agrume che si suppone non provenga dall'Asia sudorientale, ma dall'America Centrale. Si dice sia stato scoperto nel 1750, probabilmente a Barbadoso alle Bahamas. Non ci sono dati certi in proposito, ma esiste l'ipotesi per cui anche il pompelmo sia giunto in Europa assieme al suo progenitore, l'arancio dolce, dall'Estremo Oriente attraverso l'Asia per la Via della seta, il che collocherebbe la sua origine nella patria di tutti gli altri agrumi. Il frutto è diventato popolare solamente nel XIX secolo.

- Parte utilizzata: scorza dei frutti.
- Metodo estrazione: spremitura meccanica.

- Nota di testa: profumo agrumato, delicatamente fresco, amaro.

Riequilibrante

Se inalato, stimola e rivitalizza l'organismo, infondendo una nuova carica energetica. Favorisce la corretta funzionalità delle ghiandole endocrine, soprattutto l'ipotalamo, nella produzioni di ormoni regolatori delle funzioni primarie dell'organismo, come il ciclo sonno/veglia, fame/sazietà, e di quelli che intervengono sulla stabilità del tono dell'umore.

Per questa ragione è indicato nel trattamento della fame nervosa, nei cambi di stagione, per favorire l'adattamento dell'organismo ai mutamenti climatici, per superare il jet lag, nei periodi di esaurimento nervoso, ansia o forte stress dovuto a ritmi di vita squilibrati. Questa azione regolatrice del sistema ormonale ha anche come effetto l'aumento delle difese immunitarie.

- Ha la caratteristica di agire sul centro nervoso che regola l'appetito o la sua mancanza, in casi di anoressia e bulimia, assumere 1 goccia in corrispondenza dei 3 pasti su pane o miele.

Per depurare il sangue e fortificare le difese immunitarie nel periodo primaverile o autunnale bere 1 tazza di tisana di ortica con 1 goccia di essenza di pompelmo e 1 cucchiaino di miele, ogni giorno, per un periodo di 4 settimane.

Bagno distensivo

Versare 10-20 gocce nell'acqua della vasca, emulsionare agitando forte l'acqua, quindi immergersi per 10 minuti per stimolare la circolazione linfatica, tonificare e defaticare i muscoli, dopo intensa attività sportiva, o per rilassare in caso di nervosismo e stress.

Diffusione ambientale

1 goccia di olio essenziale di pompelmo, per ogni mq dell'ambiente in cui si diffonde, mediante bruciatore di oli essenziali o nell'acqua degli umidificatori dei termosifoni in caso di depressione o esaurimento nervoso e per rinfrescare l'aria.

Olio da massaggio

Miscelare 20 gocce di olio essenziale di pompelmo in 100 ml. olio di mandorle dolci e massaggiate dolcemente le zone interessate fino a completo assorbimento, in presenza di cellulite, ritenzione idrica o adiposità localizzata e per rassodare la pelle e i tessuti sottostanti.

Per preparare un unguento per massaggi anti-cellulite, unire 3 gocce di Olio essenziale di Pompelmo, 2 gocce di Olio essenziale di Cipresso, 2 gocce di Olio essenziale di Rosmarino, 2 gocce di olio essenziale di Arancio Dolce, un cucchiaio di olio di mandorle.

- L'olio essenziale di rosmarino stimola la circolazione sanguigna svolgendo un'azione perfetta per contrastare la ritenzione idrica.
- L'olio essenziale di cipresso annovera proprietà astringenti e toniche.
- L'olio essenziale di pompelmo favorisce il drenaggio delle sostanze tossiche.

Controindicazioni

Come tutti gli oli essenziali, quello di pompelmo è una sostanza concentratissima che non va usata pura, ma sempre diluita in un solvente o in un olio vettore. Evitare il contatto con occhi e mucose. Non superare la dose giornaliera consigliata. Tenere fuori dalla portata dei bambini di età inferiore a 3 anni. Durante il trattamento con questa essenza, evitare l'esposizione prolungata al sole, in quanto fotosensibilizzante. Controindicato in gravidanza e allattamento.

Zenzero

Il piccante e saporito zenzero ci regala L'olio essenziale di zenzero: tonificante e afrodisiaco, con benefiche azioni su tutto l'organismo. Conosciuto per le sue numerose proprietà, è utile in caso di nausea, ansia, mal di testa e raffreddore. L'olio essenziale di zenzero è visto anche come un ottimo rimedio naturale contro la cellulite. Lo zenzero viene utilizzato in Oriente da millenni, sia per aromatizzare e insaporire i cibi, sia come rimedio medicamentoso per svariati disturbi. In Thailandia vengono applicate compresse e impacchi di radice di zenzero, pestata e mescolata con altre erbe, per gli stati dolorosi articolari e muscolari molto frequenti negli ambienti della Muay Thai, l'arte della boxe tailandese.

Lo zenzero è anche impiegato per il suo potere dinamizzante ed energizzante, in tutte le condizioni di debolezza ed esaurimento fisico. Nella Medicina Tradizionale Cinese la radice è chiamata gan-jiang ed è considerata un efficace tonico Yang, impiegato proprio per rafforzare le energie maschili, del fuoco e della vitalità, per curare l'impotenza maschile e l'astenia. Nella medicina Ayurvedica, è collegato all'elemento Fuoco, legato alla funzionalità della milza.

Ancora oggi in molti paesi asiatici si usa il rizoma fresco negli stati di affaticamento, per alleviare il mal di denti, i dolori reumatici, il raffreddore, la malaria e tutti quelli che sono definiti "stati umidi" quali la diarrea o l'eccesso di muco. Nell'Occidente antico, Greci e Romani importavano lo zenzero dalla zona del Mar Rosso e ne conoscevano le importanti proprietà medicinali, oltre a usarlo come spezia. Nel Medioevo la leggendaria Ildegarda badessa di Bingen, mistica ed erborista dell'XI° secolo, consigliava di macerarlo nel vino e farne impacchi per i disturbi agli occhi o di bere un bicchiere di vino allo zenzero addolcito con il miele per favorire la vitalità nei convalescenti e negli anziani.

- Parte utilizzata: rizoma decorticato ed essiccato.
- Metodo di estrazione: distillazione in corrente di vapore.
- Nota di base: profumo caldo, speziato, pungente.

Tonificante sull'intero organismo

Se inalato, riequilibra le energie che non sono in armonia. Aiuta a svegliare e scaldare i sensi sopiti, migliora la concentrazione e la capacità di discernimento. A livello aromaterapico, l'essenza dello zenzero agisce contro la stanchezza, la debolezza e l'esaurimento nervoso; dona coraggio e aiuta a reagire eliminando confusione e disperazione. Stimola l'apertura verso l'esterno, generando nuovi interessi. A livello mentale, favorisce la concentrazione e aiuta a sciogliere i nodi psicologici.
E' un'essenza che dona energia e vitalità.

Antinausea

Utile per prepararsi a lunghi e faticosi viaggi, perché diminuisce l'ansia; è usato come moderatore nelle chinetosi (turbe da movimento passivo come mal d'aria, di mare e d'auto), e contro la nausea dagli ormoni della crescita, presenti nei primi mesi di gestazione. I disturbi del mal di mare, d'auto o d'aereo, scompaiono semplicemente annusando durante il viaggio l'aroma di 2-3 gocce di olio essenziale di zenzero che avremo versato su un fazzoletto.

Olio per massaggi

In 200 ml di olio di mandorle dolci mettere 40 gocce, massaggiare 2-3 volte al giorno la zona dolorante, oppure il ventre in caso di digestione lenta, in presenza di gas intestinali e diarrea.

Controindicazioni

Nessuna controindicazione. Tuttavia prima di assumere il prodotto per uso interno, consultate un erborista; come tutti gli oli essenziali, infatti, può risultare irritante per le mucose. L'olio essenziale di zenzero è fotosensibile e, in caso di applicazione cutanea, è sconsigliata l'esposizione al sole nelle 12 ore seguenti. Inoltre, dato che promuove il rilascio della bile, l'olio essenziale di zenzero non è consigliato a coloro che soffrono di calcoli biliari. Si consiglia di non impiegarlo per ridurre la nausea in gravidanza e puro sulla pelle.

Limone

L'olio essenziale di limone svolge un'azione antisettica, antibiotica, depurativa, sebo equilibrante, emostatica e cicatrizzante su piccole ferite, afte, herpes labiale, infiammazioni gengivali. In particolare, l'azione antibiotica del limonene in combinazione con quella antiossidante della vitamina C conferiscono al limone la capacità di aumentare le difese immunitarie e di contrastare problemi come mal di gola, tosse, e sintomi influenzali. L'olio essenziale di limone, per via del suo alto apporto di vitamina C e vitamine del gruppo B, è un utile alleato per combattere i segni dell'invecchiamento: attenua le rughe, stimola la rigenerazione cellulare della cute, accelera la scomparsa dell'acne e rinforza le unghie.

Bisogna sottolineare che la vitamina PP, in particolare, attiva la circolazione venosa e linfatica, con effetti benefici sulla cellulite, sui problemi circolatori alle gambe, sulla fragilità capillare, sul rafforzamento dei vasi, sulla fluidificazione del sangue.

L'olio essenziale di limone è inoltre coadiuvante nella cura dell'ipertensione, dell'artrite, dei reumatismi. Grazie ai citrati contenuti in esso, l'olio essenziale di limone favorisce altresì la digestione, stimola il funzionamento del fegato e del pancreas, elimina acidità e bruciori.

Gli antichi Greci chiamavano il limone "mela di Media" poiché provenivano dalla Media, un paese vicino alla

Persia. A quell'epoca veniva utilizzato unicamente per profumare i vestiti e non erano conosciute le numerose proprietà terapeutiche.

Quando si parla di oli essenziali ricavati da agrumi si può usare il termine "essenze"; infatti, con i termini "essenza di limone" e "olio essenziale di limone", viene indicato il medesimo prodotto estratto dai frutti. L'olio essenziale di limone si ricava solo dalla scorza del limone, la quale è più ricca di sostanze attive, e preferibilmente da frutta non completamente matura. Si presenta come un liquido giallognolo, dal sapore un po' amaro ma molto profumato. Per produrre pochi millilitri di olio essenziale occorrono diversi chili di limoni.

- Parte utilizzata: buccia.
- Metodo di estrazione: spremitura a freddo.
- Nota di testa: profumo agrumato, dolce, fruttato.

Calmante

Sulla psiche e sul sistema nervoso l'olio essenziale di limone, se inalato aiuta in caso di disturbi d'ansia, nervosismo che provoca mal di testa o insonnia e migliora la memoria. Previene blocchi del sistema nervoso simpatico, stimola funzioni del parasimpatico. Sostiene, infonde coraggio e determinazione. Quando si è costretti a subire oppressioni, persecuzioni e angherie di varia natura, aiuta a liberarsi da condizionamenti.

Olio da massaggi

In 250 ml di olio di mandorle dolci, mettere 15 gocce di olio essenziale di limone. Massaggiare le gambe dalle caviglie al bacino in caso di cellulite fragilità capillare o vene varicose. 59

Controindicazioni

L'olio essenziale di limone è atossico, ma può irritare la cute o dare reazioni di sensibilizzazione in particolari soggetti predisposti. E' comunque foto tossico, non va quindi usato sulla pelle se successivamente viene esposta direttamente al sole o lampade abbronzanti. E' sconsigliato in caso d'ipotensione: l'uso prolungato ed eccessivo dell'olio essenziale di limone può provocare abbassamenti di pressione e collassi. Qualsiasi utilizzo si desideri fare dell'olio essenziale di limone, è importante che sia sempre puro, senza sostanze sintetiche. In caso di uso interno, la dose giornaliera da usare non dovrebbe superare la misura di qualche goccia, miscelata a tisane, acqua, miele. 0

Rosmarino

Il rosmarino è popolare per le sue proprietà stimolanti e depuratrici, il suo olio essenziale è usato da sempre per le sue proprietà cardiotoniche e anticellulite. L'olio essenziale di rosmarino annovera interessanti proprietà antiforfora, è perfetto per il trattamento naturale dei capelli grassi, per la cura della pelle, di eczemi solari e per alleviare dolori muscolari. L'olio essenziale di rosmarino è molto usato in aromaterapia, tanto da essere inserito tra gli oli essenziali che non possono mai mancare in casa. A livello fisico il rosmarino ha forti poteri depurativi, aiuta ad eliminare tossine e acqua in eccesso. Per la cura della pelle può essere usato per tamponare in caso di acne ed eczema, per profumare creme per il viso ed è consigliato soprattutto in caso di pelle grassa.

Il massaggio con olio essenziale di rosmarino attenua i dolori artritici e muscolari, scioglie l'acido urico e i cristalli che induriscono i tessuti epidermici. La sua azione stimolante agisce anche sulle vie urinarie: favorisce la diuresi ed è quindi indicato in caso di insufficienza renale. Il Rosmarino svolge una benefica azione sulla ghiandola stimolando la funzionalità del fegato e l'escrezione della bile. Grazie a queste proprietà si utilizza con efficacia nelle patologie del fegato e della colecisti in generale.

Gli Egizi conoscevano gli effetti battericidi e antisettici di questa essenza e la impiegavano nelle tombe. Anche

in Grecia i suoi rametti venivano bruciati nei templi al posto del prezioso incenso arabo.
Gli Antichi Romani erano soliti coltivare il rosmarino sulle tombe, come simbolo di immortalità. Nel Medioevo, un editto di Carlo Magno dell'812 obbligava i contadini a coltivare negli orti una pianta di rosmarino, il cui profumo si riteneva contenesse l'anima della terra; mentre nella tradizione popolare si utilizzava contro le peste e le malattie infettive.

- Parte utilizzata: foglie, sommità fiorite, rametti.
- Metodo di estrazione: distillazione in corrente di vapore.
- Nota di base, profumo legnoso, balsamico, canforato.

Stimolante

Sul sistema nervoso se inalato, dona energia, favorisce la concentrazione e migliora la memoria, soprattutto durante periodi di forte pressione per le attività intellettuali. Se usato al mattino svolge un'azione tonificante generale; scioglie e stimola le nostre componenti emozionali, infonde coraggio, rinforza la volontà. Vero e proprio nemico delle illusioni ci insegna a guardare lontano e a percepire chiaramente le sfumature della vita. Per rafforzare la fiducia in se stessi e l'autostima, nella doccia mattutina aggiungere 3-4 gocce di olio essenziale di rosmarino a una dose di sapone liquido neutro.

Diffusione ambientale

1 goccia di olio essenziale di rosmarino, per ogni mq dell'ambiente in cui si diffonde, mediante bruciatore di oli essenziali o nell'acqua degli umidificatori dei termosifoni per rinfrescare e deodorare l'aria e favorire la concentrazione.

Bagno tonificante

Diluire in una vasca d'acqua 10-15 gocce d'essenza, per ritrovare la calma e neutralizzare la tensione, combattere lo stress e in presenza di reumatismi, dolori muscolari, artrite, contusioni e sciatica.

Controindicazioni

L'olio essenziale di rosmarino non è irritante, ma va sempre utilizzato diluito, e non va utilizzato per lunghi periodi. Fare attenzione alle quantità perché in dosi elevate nell'uso interno può risultare tossico. Controindicato in gravidanza, nei soggetti epilettici e per i bambini. Un abuso determina effetti pericolosi sull'organismo: sono possibili disturbi gastrointestinali e alle vie urinarie; può anche risultare convulsivante e causare insonnia se utilizzata nelle ore serali.

Fiori Himalayani associati al terzo chakra

I Fiori Himalayani Enhancers influiscono direttamente nei vari livelli d'energia controllati dai Chakra, rimovendo i sentimenti negativi e stimolando quelli positivi. I Fiori Himalayani Enhancers sono stati individuati da Tanmaya nel 1990, durante una sua permanenza durata alcuni mesi in una valle Himalayana. Il termine Enhancers significa catalizzatori, perché le essenze non sono solo rimedi volti a lavorare su emozioni e stati interiori negativi ma favoriscono anche processi di riequilibrio energetico e di sviluppo spirituale molto profondi per portare alle luce qualità sepolte all' interno della persona. Possono essere assunti puri da soli o diluiti insieme ai Fiori di Bach o ad altri Fiori. Le prime preparazioni di Tanmaya riguardarono nove combinazioni, sette direttamente collegati ai plessi, meglio noti col nome indiano di chakra più un catalizzatore generale e un fiore particolarmente indicato per i bambini; successivamente il loro numero si è moltiplicato con la scoperta di nuovi fiori, adatti a modulare emozioni specifiche.

Sono Fiori con un effetto molto rapido e potente, a differenza dei Fiori di Bach, che sono tra i più lenti e delicati; questa potenza a volte è molto utile, altre volte può rappresentare un rischio di eccessiva azione. Mentre i Fiori di Bach possono essere considerati rimedi principalmente emozionali, cioè volti al riequilibrio delle emozioni umane, i Fiori Himalayani, proprio grazie alla natura del terreno sul quale crescono, si rivolgono essenzialmente alla dimensione spirituale dell'uomo, stimolando il bisogno di preghiera, di meditazione e di connessione con il divino che dimora in lui.

Le essenze floreali himalayane sono estratti liquidi che contengono l'energia del fiore da somministrare generalmente per via orale, inoltre possono essere usate nell'acqua del bagno, nebulizzate sul corpo o nell'ambiente, oppure unite all'olio per il massaggio.

Strength

Aiuta a sviluppare l'individualità, la creatività, la sincerità, l'onestà, l'auto considerazione.
Amore, identificazione e capacità di manifestare se stessi. Aiuta a superare la mancanza di fiducia in sé, i dubbi, l'incapacità di esprimere la propria creatività innata. Dissolve il senso di insicurezza, i vuoti di potere personale, la mancanza di direttive nella vita, di motivazioni, di speranza, elimina la depressione, l'oppressione. Aiuta a liberarsi degli schemi che costringono e condizionano.
Ci sono momenti nella vita in cui ci sentiamo timidi, abbiamo paura ad agire, paura del giudizio altrui, non facciamo quello che vorremmo veramente, ma solo quello che gli altri si aspettano da noi, non sappiamo dire di no, abbiamo paura a difendere le nostre idee, abbiamo paura di deludere, che gli altri non ci vogliano più bene. Siamo dominati dai sensi di colpa. Oppure ci sentiamo malinconici, tristi, incapaci di agire, inerti, non sappiamo quale direzione prendere anche se sappiamo che quella che stiamo seguendo non è quella giusta. Strength aiuta a porsi obiettivi concreti e ad attuarli nella vita reale, a dare un senso e una direzione alla propria vita, ad aumentare il proprio potere personale.
Quando nel terzo chakra ci sono blocchi o debolezze, si assiste a un collasso psichico e la persona rischia di soccombere agli altri e alla vita, diventa timida, passiva,

paurosa e insicura. Il bisogno di sicurezza e di protezione determina meccanismi involutivi, in cui c'è un ritorno a comportamenti infantili.

Si può essere contemporaneamente timidi e irritabili, aggressivi e paurosi, malinconici e iperattivi, tristi e allegri. La grande paura di agire e di esporsi porta ad assumere comportamenti e schemi mentali imposti dalla società, a conformarsi, a fare ciò che fanno tutti, ciò che si deve fare. Strength sviluppa l'individualità, la creatività, l'onestà, l'auto considerazione, la nostra espressione nel mondo materiale.

Amore, identificazione e capacità di manifestare se stessi. Aiuta a superare la mancanza di direttive, di motivazioni, di speranza nella vita, elimina la depressione e l'oppressione, libera dagli schemi mentali che costringono e condizionano.

Permette di superare lo stress, la tensione interiore che sfinisce, la malinconia, la paura che blocca, che non fa agire, che inibisce e toglie concretezza e coraggio. Rafforza la determinazione, l'auto considerazione, l'onestà. La posologia di assunzione delle essenze, pure o diluite, e è di due gocce sotto la lingua più volte al giorno. Aiuta a sviluppare la propria personalità e individualità, a uscire dagli schemi sociali e familiari, sviluppa il proprio potere personale, la propria forza. Insegna a non fare le cose per gli altri, ma per se stessi, a non preoccuparsi del giudizio altrui, a non avere paura a esporsi, a dire la propria verità.

Fiori Californiani associati al terzo chakra

I Fiori Californiani estendono i Fiori di Bach.
Richard Kats e Patricia Kaminski, fondatori della FES (Flower Essence Society), insieme al lavoro di altri ricercatori hanno scoperti più di 150 fiori a partire dal 1979. Lavorano su problematiche specifiche più moderne e attuali e che al tempo in cui Bach è vissuto non erano così preponderanti o non se ne parlava ancora come oggi: l'anoressia e la bulimia, i disturbi sessuali, le malattie derivate dall'inquinamento ambientale. E' possibile creare delle essenze composite unendo Fiori di Bach e Californiani, così come essenze di altri repertori floriterapici di altre parti del mondo. I rimedi floreali californiani si preparano nello stesso, semplice modo dei fiori di Bach, ponendo le corolle di fiori selvatici in una ciotola di vetro piena d'acqua di sorgente e lasciandoli in infusione al sole per qualche ora. Questo liquido, ricchissimo di forza vitale, viene poi filtrato, diluito in brandy e utilizzato per la preparazione delle cosiddette stock bottles (o concentrati).

La scelta delle essenze, come avviene per i fiori di Bach, é sempre personalizzata e in relazione allo stato d'animo e alle emozioni che si vogliono riequilibrare. Una volta scelto il rimedio o i rimedi indicati per il problema personale, si versano due gocce di ciscuno in una boccettina con contagocce da 30 ml., riempita con acqua minerale naturale e due cucchiaini di brandy come conservante.

Il dosaggio è di 4 gocce 4 volte al giorno, per un periodi di alcune settimane o comunque fino al miglioramento o alla scomparsa dei sintomi.

Essendo una cura del tutto naturale e priva di tossicità, non presentano alcuna controindicazione, non provocano effetti collaterali, possono essere combinati senza problemi sia ai farmaci tradizionali sia a quelli omeopatici (di cui sono considerati complementari) o ad altri rimedi floriterapici.

Blackberry

La caratteristica comune a tutte le specie di rovo è quella di svilupparsi anche in habitat difficili e di ricrescere nonostante drastiche e radicali potature. Rappresenta quindi la capacità di lottare per vivere ed esprimere pienamente le proprie potenzialità. Persone incapaci di concretizzare le proprie aspirazioni e desideri o di raggiungere i propri obiettivi. Manca loro la forza di volontà, la capacità e l'energia per concretizzare.
Si sentono bloccati e immobilizzati, hanno molta immaginazione e desideri elevati, ma non sono in grado di concretizzarli. Generalmente, sono soggetti nei quali il pensiero è dissociato della volontà. Sono persone che si sentono frustrate a causa dell'incapacità di realizzare ciò che vorrebbero o che soffrono per l'incoerenza tra i loro pensieri e le loro azioni. Hanno alti ideali, grandi aspirazioni, ma mancano di concretezza, e spesso anche di volontà e di capacità decisionale, quindi non riuscendo a vivere come desiderano soffrono molto. Per tutti gli stati di letargo e confusione mentale. Sveglia le attitudini latenti.
Un aiuto per il concepimento nelle donne che hanno difficoltà. Nei bambini per sviluppare interesse e coinvolgimento nei compiti e i doveri a scuola e casa. Permette al pensiero di passare in azione.

Nel gruppo: per chi tende a essere idealista o ad avere una visione eccessivamente filosofica, ma fa fatica a impegnare la propria volontà nei progetti del gruppo.

Queste persone spesso hanno una gran quantità di luce che circonda la loro testa, che, però, non si irradia e non circola adeguatamente in tutto il corpo. La circolazione sanguigna è spesso lenta, così come tutto il loro metabolismo inferiore.

Quando la luce riesce ad arrivare alle membra, l'individuo sente maggior potere interiore per agire concretamente nel mondo e per tradurre ciò che è spirituale in un cambiamento reale della società.

L'essenza floreale Blackberry conferisce questa luce raggiante e attiva alla volontà dell'animo umano.

Larkspur

Per chi tende a essere troppo accentratore, ad avere troppa responsabilità o a darsi un'eccessiva importanza. Aiuta a vivere la leadership per essere un capo che sa comandare in armonia con gli altri, che non abusa del suo potere, ma trasmette carisma ed entusiasmo. La vera leadership spirituale richiede carisma o un entusiasmo contagioso.

Quando nell'individuo Larkspur arde una identificazione positiva con i propri ideali interiori, il suo altruismo alimenta e ispira gli altri.

Questo tipo di comando non è, quindi, un potere energico che manipola gli altri o una esecuzione forzata e opprimente delle proprie responsabilità; è piuttosto una gioia interiore che dà energia agli altri. Larkspur aiuta coloro che assumono una posizione di comando a allineare i loro sentimenti con gli ideali spirituali.

In questo modo, l'individuo impara a diffondere un'energia carismatica ispirata, che motiva e incoraggia gli altri.

Quince

Per quelle persone con difficoltà nell'accettare i propri aspetti femminili; duri e incapaci di aprirsi alla capacità di amare e alla ricettività.

Per chi vive come polarità antagonistiche l'amore e la forza. Per le donne che negano la propria femminilità come una maniera di dimostrare l'essere forti. Durezza e rigidità di carattere nei rapporti affettivi, difficoltà di integrare armonicamente dentro di sé le energie maschili e quelle femminili, incapacità di esprimere dolcezza, tenerezza, calore affettivo perché l'aspetto volitivo e razionale della loro personalità reprime questi sentimenti (la mente che reprime il cuore).

Donne "in carriera" che non riescono a gestire il potere in modo armonico, che non riescono a esprimere le qualità femminili perché troppo impegnate nel lavoro. Bisogno di trovare una "via femminile" nella gestione del potere. Può essere di grande aiuto anche ai genitori separati che hanno in affidamento i figli, con i quali devono in un certo senso ricoprire contemporaneamente il ruolo materno e quello paterno o per tutti i genitori che devono mostrare ai loro figli sia l'aspetto dolce e protettivo che una ferma disciplina e obiettività. Restaura, in donne, la loro capacità materna e la fiducia nel potere femminile. Con l'essenza Quince, l'individuo impara che il potere vero è l'amore e che anche il vero amore conferisce autorità.

Sunflower

Il girasole è la rappresentazione del Sole che, con la sua espressione armonica ed equilibrata dell'energia creativa maschile illumina l'individuo e cura con il suo calore.

- Particolarmente indicato per tutte le persone che hanno problema a emanare questo potere solare in modo equilibrato, quindi, hanno un senso dell'ego squilibrato, cioè in eccesso o in difetto: per chi è troppo arrogante e presuntuoso, è vanitoso narcisista (la brillantezza del sole splende con troppa forza e abbaglia, bisogna portare fuori il calore), oppure per chi si sottovaluta o soffre di complesso di inferiorità, è insicuro e si sente sempre inadeguato (la lucentezza dell'Io è oscurata, bisogna dare luce all'animo).

La persona assorbe dalla madre le qualità lunari di ricettività e nutrimento, mentre dal padre apprende le qualità solari dell'Io splendente, espressivo. Questa essenza cura i problemi o le distorsioni del rapporto dell'individuo col maschile, spesso associati a un rapporto conflittuale o manchevole con il padre nell'infanzia ed è ugualmente importante sia per gli uomini che per le donne.

Utile nelle problematiche adolescenziali quando c'è un conflitto con l'autorità e con la figura paterna. Migliora le relazioni dei genitori coi figli maschi.

Quando l'individuo Sunflower impara come sfruttare questa grande forza solare che è dentro il proprio io, è veramente in grado di fare un dono prezioso agli altri esseri umani e alla Terra, prendendosene cura e apportando guarigione..

Fiori Australiani associati al terzo chakra

I Fiori Australiani Bush (Australian Bush Flower Essences) sono a oggi 69 più 19 Essenze create dalla combinazione di Fiori Australiani e sono stati introdotti da Ian White, biologo e psicologo australiano. Non sono ancora molto conosciuti e utilizzati in Italia dal grande pubblico, ma sono molto apprezzati dai Floriterapeuti e troviamo Fiori Australiani inseriti in molti complessi fitopreparati e omeopatici. Sono tra i fiori più potenti e di largo impiego dopo i Fiori di Bach, hanno un'energia molto elevata, una delle più alte tra i rimedi floreali. Gli Aborigeni australiani hanno sempre utilizzato i Fiori per trattare i disagi o gli squilibri emozionali, così come avveniva nell'antico Egitto, in India, Asia e Sud America.

La dose, sia per gli adulti sia per i bambini, consiste in sette gocce da assumere due volte al giorno (mattina e sera) sotto la lingua, o in un poco di acqua. Le essenze dovrebbero essere assunte per circa venti giorni o un mese, eccezion fatta per essenze particolarmente potenti.

Essendo una cura del tutto naturale e priva di tossicità, non presentano alcuna controindicazione, non provocano effetti collaterali, possono essere combinati senza problemi sia ai farmaci tradizionali sia a quelli omeopatici (di cui sono considerati complementari) o ad altri rimedi floriterapici. Si può preparare un solo rimedio (la cui azione sarà allora particolarmente "mirata", profonda e veloce), oppure miscelare tra loro rimedi diversi; in questo caso é consigliabile non superare le 4 o 5 essenze e, se possibile, cercare di scegliere fiori dalle proprietà tra loro affini e sinergiche per trattare un problema specifico.

I fiori australiani sono molto efficaci anche in applicazione cutanea e possono essere aggiunti a creme, gel, oli per il massaggio, pomate medicate oppure diluiti nell'acqua del bagno. Per un trattamento topico la quantità consigliata è di circa 7 gocce di ciascun rimedio scelto, da amalgamare in mezza tazzina di crema; nella vasca da bagno vanno invece versate 15–20 gocce di ogni essenza.

La durata del trattamento dipende sempre dalla risposta individuale. Spesso si ottiene una reazione positiva in circa due settimane e mediamente due mesi sono sufficienti per riequilibrare numerose problematiche psicofisiche. Alcuni fiori particolarmente "potenti" (come, per esempio, Waratah) esercitano di solito un'azione molto rapida, anche in pochi giorni. Molte volte, dopo aver risolto un disagio o un conflitto interiore, possono emergere altri squilibri emozionali, che andranno via via trattati con i fiori corrispondenti.

Peach Flower Tea Tree

E' il rimedio per coloro a cui manca la volontà di continuare qualcosa per cui inizialmente avevano grande entusiasmo e che ora li ha lasciati senza interesse. Coloro che sono soggetti a sbalzi d'umore, a umori altalenanti e all'ipocondria.
Il fiore aiuta a trovare un rinnovato equilibrio.
Fa accrescere la responsabilità per la propria salute e stimola la volontà di completare i progetti di viene perso velocemente l'interesse aiutando a sviluppare costanza, coerenza e a trovare le giuste motivazioni.
Essendo persone rapide nell'acquisire qualsiasi cosa in breve termine, vengono sopraffatti dalla noia e quindi lasciano perdere il progetto.
Un aspetto positivo di questa essenza è dato dai bilanciamenti emozionali, dalla confidenza con se stessi, dall'abilità a raggiungere i traguardi prendendosi la responsabilità per la propria salute senza esserne angosciati, mentre solitamente le persone che hanno bisogno di questa essenza perdono molto tempo ed energie, si deprimono di fronte alla propria inconsistenza e si sentono frustrate davanti a ogni perdita.
Persone che perdono facilmente l'interesse di una attività o di un progetto dopo che l'hanno iniziato.
Hanno difficoltà a stabilizzare le proprie emozioni, poiché li dominano sempre umori cangianti ed estremi.

Quando sono di cattivo umore sono aggressivi e taglienti con gli altri.

Monotoni, noiosi, privi di buonsenso, poco volenterosi e paurosi delle malattie.

Hanno paura della vecchiaia, dell'inquinamento, di intossicarsi o contagiarsi se visitano un malato.

In generale dissipano la propria energia e tempo e questo li porta a perdere sempre le opportunità, motivo per il quale si deprimono e si frustrano.

Il fiore provvede alla stabilità fisica e psichica.

Sviluppa la forza di volontà per arrivare alle mete senza scusarsi con paure.

Le emozioni dominanti in questo fiore sono: frustrazione, abbattimento, depressione, mancanza di entusiasmo, noia, paura del deterioramento fisico, incapacità a esprimere e assimilare amore o dominare l'odio. Peach Flowered Tea Tree è un equilibrante del pancreas anche per insulino dipendenze.

Gli aspetti positivi di Peach Flowered Tea Tree sono l'equilibrio emotivo, la fiducia in sé, la capacità di raggiungere gli obiettivi, nonché di assumersi la responsabilità della propria salute, senza eccessive preoccupazioni.

Fiori di Bach associati al terzo chakra

I fiori di Bach sono una medicina alternativa ideata dal medico britannico Edward Bach, nato il 24 settembre 1886 a Moseley da una famiglia Gallese in Inghilterra. Si laureò in medicina nel 1912 e da subito lavorò al pronto soccorso dell'ospedale universitario dove iniziò a farsi notare per la gran quantità di tempo che dedicava ai pazienti. Fu subito critico nei confronti degli altri medici, in quanto studiavano la malattia come se fosse separata dall'individuo, senza concentrarsi sui malati stessi.

E' risaputo che i nostri stati emotivi hanno una profonda influenza sul nostro benessere e sulla nostra salute. Uno stato emotivo alterato che si ripete ogni giorno crea delle vere e proprie disfunzioni del nostro organismo.

Il 90% delle cause delle malattie dell'uomo proviene da piani che si trovano al di là di quello fisico, ed è su questi piani che i sintomi cominciano a manifestarsi, prima che il corpo fisico mostri qualche disturbo. Se riusciamo a individuare gli stati d'animo negativi che affiorano quando ci ammaliamo, possiamo combattere meglio la malattia e guarire più in fretta. Usando i rimedi floreali si tenta di influire sulle strutture più profonde, dalle quali la malattia ha origine.I Fiori di Bach riequilibrano le emozioni. Si rivolgono solo ed esclusivamente a come reagiamo emotivamente alle vicissitudini, alle esperienze e ai problemi nelle nostre giornate. Donano una grande serenità e pace, coraggio o forza, aiutano a sentirci nel pieno delle nostre possibilità.

Possono essere utili a fronte di una malattia, non dal punto di visto fisico ma proprio come sostegno dell'umore. La persona è vista come un individuo completo dove le emozioni sono un punto cardine, e non solo come corpo fisico con dei sintomi. Bisogna quindi analizzare lo stato emozionale e non i sintomi fisici, in base a questo si trovano i rimedi adatti. Infatti soggetti con identici problemi fisici, reagiscano e vivono con emozioni e sentimenti differenti. I fiori di Bach non hanno controindicazioni e non interagiscono con i farmaci.

Bach ha così suddiviso i 38 fiori dai quali si traggono i rimedi. I primissimi fiori scoperti da Bach furono i cosiddetti "12 Guaritori", che il medico gallese iniziò prontamente a sperimentare prima su se stesso e poi sui suoi pazienti; gli altri 26 vennero scoperti poco tempo dopo, divisi in "7 Aiuti" e "19 Assistenti". Il Dr Bach abbandonò in seguito la distinzione tra "Guaritori", "Aiutanti" e "Assistenti" ritenendola superflua, ma molte persone nel mondo continuano a utilizzarla ugualmente. I Fiori di Bach non aiutano a reprimere gli atteggiamenti negativi, ma li trasformano nel loro lato positivo. I Fiori di Bach associati al primo chakra lo sono solo a titolo generale, perché i fiori vanno comunque scelti basandosi sull'emozione non in armonia che va equilibrata.

Cerato

Appartiene alla categoria dei "Guaritori".
Chi ha bisogno di questo fiore è una persona che ha poca fiducia in ciò che pensa, chiede continuamente consigli a tutti, per ogni piccola cosa. La persona con questa indole è davvero insopportabile perché fa mille domande, ad esempio quando fa la spesa chiede al salumiere qual è il miglior prodotto e il suo pensiero, questo accade ovunque: dal parrucchiere, a un seminario, all'università, dallo specialista, e se incontra una persona per strada gli fa il terzo grado.
Indecisione è la parola chiave di Cerato, anche se in realtà è una mancanza di fiducia nelle proprio intuizioni. La ricerca della conferma negli altri si verifica per una carenza di fiducia nelle proprie capacità di cogliere l'essenza delle cose.
Quando si trovano a dover prendere una decisione, contrariamente al tipo Scleranthus, non hanno esitazione né difficoltà a decidere. Tuttavia, in un secondo tempo, cominciano ad avere dei dubbi e non si sentono più così sicuri di avere preso la giusta decisione. Iniziano così a chiedere opinioni e consigli agli altri e finiscono a ritrovarsi assolutamente confusi. Cerato è il Rimedio per far ritrovare fiducia nel proprio giudizio alle persone in questo stato d'animo, cosicché siano in grado di ascoltare la propria voce interiore e di fare affidamento sulla propria intuizione.

Scleranthus

Appartiene alla categoria dei "Guaritori".
Chi ha bisogno di questo fiore è una persona che non riesce a prendere una decisione tra due cose, quando le sembra che sia giusta una, subito dopo pensa che sia giusta l'altra.
Questa persona è sempre indecisa ed è il suo tormento interiore, ma non ne parla mai con nessuno. L'umore cambia facilmente passando rapidamente dall'allegria alla tristezza.
Di fronte al bisogno di scegliere fra due opzioni si va in crisi cercando di valutare i pro e i contro di ogni possibilità con il rischio di rimanere impantanato in una strada senza uscita e con il rischio di non fidarsi del proprio intuito.
Scleranthus è molto utile nei problemi di equilibrio quali mal d'auto e di mare.
Con Scleranthus l'equilibrio e la chiarezza delle proprie scelte sono alla base dell'esistenza. Il rimedio viene utilizzato per aiutare la persona ad agire con più decisione e a capire ciò che veramente vuole.

Impatiens

Appartiene alla categoria dei "Guaritori".
Chi ha bisogno di questo fiore è una persona impaziente, parla, mangia, si veste, lavora e cammina velocemente, pensa qualcosa e subito agisce. Si fa tutto di fretta, passando da una cosa all'altra. Le persone lente non sono sopportate, tanto che si preferisce star soli con il proprio ritmo, piuttosto che dietro ai tempi degli altri. Le persone Impatiens hanno bisogno di imparare che velocità non è uguale a frenesia. Un ulteriore sintomo di Impatiens è l'intrattabilità appena svegli.
Con Impatiens si vive il proprio e altrui ritmo con pazienza e disponibilità. Il concentrato di Impatiens è indicato per chi è facilmente irritabile.
A causa dell'impazienza provata, la persona pensa di dover fare tutto subito, e per questo adotta un'alta velocità nelle sue azioni, nei suoi pensieri e addirittura nel suo modo di parlare. La propria competenza e efficienza la inducono a lasciarsi irritare e frustrare da colleghi più lenti e di conseguenza a preferire di lavorare da sola.
A causa del suo spiccato senso di indipendenza essa detesta perdere tempo inutilmente e nei colloqui spesso termina le frasi degli altri al posto loro.

Gentian

Appartiene alla categoria dei "Guaritori".
Chi ha bisogno di questo fiore è una persona pessimista, considera di continuo il lato peggiore di ogni cosa, vede il bicchiere sempre mezzo vuoto, il suo punto di vista è costantemente negativo anche nelle situazioni più banali, e nei suoi progetti si predispone ogni volta al negativo per non rimanere delusa così semmai il risultato non è stato raggiunto può sempre dire che tanto se lo aspettava. Si è tristi, depressi, ogni ostacolo abbatte e si è tentati di abbandonare. La causa di questa tristezza è generalmente nota, si ha la tendenza ad avere sempre una sorta di diffidenza, anche verso la felicità. La depressione di Gentian è sempre motivata da una situazione oggettiva o mentale che momentaneamente frena i nostri obiettivi. Non ci si sente giù senza motivo ma si conosce cosa provoca il dubbio o la tristezza. Gentian permette di risollevarsi valutando nuove strade e nuove vie atte al raggiungimento dei nostri scopi.
Con Gentian si ha fede in quello che si prova, e in quello che succede nella propria vita. La persona con questa indole cambierà il suo modo di vedere la vita, non perderà la fiducia al primo ostacolo, il pessimismo si trasformerà in ottimismo, lo si noterà soprattutto negli occhi.

Gorse

Appartiene alla categoria degli "Aiuti".Chi ha bisogno di questo fiore è una persona che vive una sofferenza che si prolunga nel tempo, o inaspettata. Questo stato d'animo nasce anche in chi è ottimista, perché essendo una persona che riesce sempre a trovare il lato positivo delle situazioni e quindi ad adattarsi anche a ciò che nella vita gli capita di spiacevole, giunge alla conclusione che tanto è così che vanno le cose.Non si ha più la forza di fare nulla rispetto al problema che si ha, ma poi si tenta ancora qualcosa solo perché qualcun altro spinge a muoversi.
La disperazione presente nello stato bloccato di Gorse si distingue da altri tipi di abbattimento perché in questo caso non si è ancora mollata la presa e si cerca, anche provando molte strade, a uscirne. Gorse aumenta la fiducia nei propri obiettivi e nel proprio destino senza lasciarsi andare. Con Gorse si ha speranza nel proprio destino. E' interessante notare che Gorse è stato inserito dal dr. Bach nel gruppo dei Rimedi per l'incertezza e non in quello per la disperazione, come invece nel caso del Sweet Chestnut. Questo dimostra che il problema principale per le persone nello stato d'animo Gorse è la perdita di certezza. Pertanto, se si riesce a persuaderle a vedere le cose sotto una luce diversa, si rinnova in loro la fiducia e la speranza e possono rincominciare ad andare avanti con maggior sicurezza.
Il Rimedio Gorse aiuta a realizzare tutto questo.

E' interessante notare che Gorse è stato inserito dal dr. Bach nel gruppo dei Rimedi per l'incertezza e non in quello per la disperazione, come invece nel caso del Sweet Chestnut.

Questo dimostra che il problema principale per le persone nello stato d'animo Gorse è la perdita di certezza. Pertanto, se si riesce a persuaderle a vedere le cose sotto una luce diversa, si rinnova in loro la fiducia e la speranza e possono rincominciare ad andare avanti con maggior sicurezza. Il Rimedio Gorse aiuta a realizzare tutto questo.

Hornbeam

Appartiene alla categoria degli "Assistenti".
Chi ha bisogno di questo fiore è una persona che ha una grande difficoltà a scendere dal letto la mattina, si sveglia già stressata come se avesse appena finito di fare una corsa, un grande lavoro, e la sua necessità è quella di dormire, ma più sta a letto e più si alza stanco.
Una volta scesa dal letto, la persona ha molta difficoltà a vestirsi, lavarsi, e man mano che passa il tempo l'energia magicamente ritorna; questo avviene perché inizia a consumare sostanze eccitanti come caffè, tè, sigaretta, cioccolata.
Con Hornbeam ogni giornata è un nuovo inizio e dona vitalità e stimoli di crescita. Si è mentalmente e fisicamente freschi e vivaci. Il rimedio floreale aiuta la persona soprattutto nella spinta iniziale e a farla sentire più leggera ed elastica. La persona riuscirà a portare a termine il suo lavoro senza pause dovute alla spossatezza.

Wild Oat

Appartiene alla categoria degli "Aiuti".
Chi ha bisogno di questo fiore è una persona che non trova mai soddisfazione in ogni cosa che pensa o che fa. Ha sempre mille idee da mettere in atto, tante intuizioni e alla fine soltanto indecisioni, decide continuamente e prende anche l'iniziativa ma mentre la esegue cambia di nuovo idea, progetto o altro. La sua insoddisfazione si nota in tutti i suoi aspetti.
L'indecisione è generalizzata, non fra due cose.
Quando scegliere fra una moltitudine di possibilità è difficile, Wild Oat aiuta a prendere la propria strada. Classico esempio del giovane di fronte alla scelta della scuola adatta quando tutte o molte gli sembrano adatte. Si vorrebbe fare qualcosa di importante ma non si sa cosa. Wild Oat permette di entrare in contatto con le proprie capacità e con il proprio intuito.
Lo stato d'indecisione di tipo Wild Oat è diverso da quello di tipo Scleranthus, perché nel secondo caso il dubbio non è su che direzione prendere, ma piuttosto su come procedere o cosa scegliere, pur avendo ben chiare le varie alternative. Le persone Wild Oat invece non sanno quali siano le possibili alternative perché non hanno ancora ben definito i propri obiettivi.

- Il rimedio aiuta queste persone a capire qual è il loro vero ruolo, facendo loro riscoprire il proprio scopo di vita, cosicché riescano a comprendere con chiarezza in quale direzione andare.

Con Wild Oat si è in grado di fare tutto ciò che ci piace, anche se gli interessi sono molteplici, si conosce la propria meta.

Crab Apple

Appartiene alla categoria degli "Assistenti".
Chi ha bisogno di questo fiore è una persona che crede di non essere del tutto pulita, come se volesse cacciare via dal suo corpo qualche veleno, un male che si è ormai generato, oppure che pensa di avere. Si ha la sensazione di essere sporchi, inquinati, sia fisicamente sia psicologicamente.
Adatto anche per tutti coloro che non si accettano.
E' decisamente il fiore che ha maggior impatto con la forma esterna, perciò con la pelle e con il nostro rapporto con il corpo e l'apparenza. Con Crab Apple è più facile accettarsi per quello che si è, valutando maggiormente i nostri aspetti positivi senza rimanere ancorati al solo aspetto fisico. Utile anche quando si è ossessionati dalla pulizia. Visto il suo rapporto con la pelle entra a far parte della Rescue Cream. La persona con questa indole si accetterà più volentieri; il rimedio floreale aiuta ad attenuare le fobie riguardanti lo sporco e il contatto con le cose che non appartengono al proprio ambiente domestico come per esempio andare nei bagni pubblici, svanirà la paura che si possa mettere in pericolo la propria salute e riuscirà a stare a contatto anche con persone apparentemente poco pulite. Può essere applicato sotto forma di crema sui brufoli, vesciche, eczemi, insomma qualsiasi eruzione cutanea.

Vine

Appartiene alla categoria degli "Aiuti".
Chi ha bisogno di questo fiore è una persona che vuole comandare tutti: è un capo, un leader, un tiranno. Nella vita non sopporta essere comandato ma, anzi, ama comandare; è sempre a capo di qualcosa, di un'azienda, di una squadra, di un gruppo, della famiglia, prende decisioni per tutti perché è nella certezza di fare il loro bene.
Leader e dittatore, quale enorme differenza. Queste due figure sono la rappresentazione positiva e negativa di Vine. Nella fase bloccata Vine vuole convincere gli altri dominandoli, decidendo per loro. Spesso le persone Vine hanno ruoli importanti nel lavoro e nei loro interessi e nello stato trasformato possono essere degli ottimi leader incitando e guidando gli altri senza obbligarli e soprattutto con il rispetto altrui.
Sono molto diversi dalle persone di tipo Vervain che invece cercano di convertire gli altri al proprio modo di pensare, invece i tipi Vine impongono ordini e disciplina senza ammettere repliche.
Il rimedio sviluppa questo lato positivo della personalità Vine. Con Vine la propria autorità è vissuta con fiducia in se stessi e negli altri. Si sa anche delegare agli altri, valutando così anche il potenziale altrui.

Numero del terzo chakra

Nel terzo chakra ci sono dieci petali che, quando girano, possono apparire come un vortice.

- Dieci porta con sé una grande carica di significato esoterico che è reso evidente dal fatto che una gravidanza dura dieci mesi lunari, in molte versioni della Cabala ci sono dieci sephirot, il sistema numerico più utilizzato al mondo è quello decimale.

Le persone hanno dieci dita che usano per contare, portando a un'innata adozione del Dieci come base nel sistema numerico intuitivo. Da notare che Dieci è considerato un numero moderno di completamento perché è solo negli ultimi secoli che è stato utilizzato come blocco base di sistemi numerici, valuta e misura. Quando Dieci sostituì Dodici come il numero supremo, portò un cambio negli schemi mentali umani rendendoli più scientifici nell'approccio a questioni di natura esoterica (i sostenitori di Dodici sono in disaccordo con quest'ultima affermazione). Il destino indicato dal Dieci legato alla data di nascita va sempre rapportato al numero Uno e indica:

- Al positivo - vita creativa e artistica, individualità e molto orgoglio. Il soggetto sarà incline alla solitudine e a operare da solo, raggiungendo inevitabilmente il successo.

- Al negativo - chi ha questo numero per somma, dovrà cercare di vincere l'egoismo e la vanità.

Il Dieci era sacro ai Pitagorici, che amavano rappresentarlo tramite la Tetratkys (una sorta di triangolo equilatero composto da 10 punti: la base di 4, poi a salire 3, 2, 1).

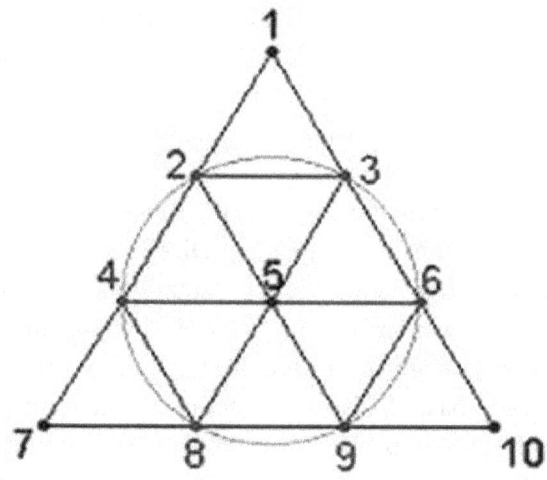

Per i Pitagorici dieci erano anche le entità celesti: Sole, Luna, Terra, i cinque pianeti visibili a occhio nudo: Mercurio, Venere, Marte, Giove e Saturno, il Cielo delle stelle fisse più l'Antiterra, un pianeta invisibile perché in opposizione alla Terra rispetto al sole.
- I numeri Dieci saranno quindi ambiziosi, cerebrali, ma egoisti e riusciranno nelle imprese anche se dovranno possedere grande forza di

volontà per superare gli ostacoli che incontreranno sul loro cammino.

Potranno subire l'invidia degli amici e sentire la tendenza di annientare i concorrenti senza pietà. Saranno senz'altro dei solitari e potranno addirittura diventare dei capi di stato illuminati, ma anche dei despoti e dei tiranni.
Il numero Dieci simboleggia la perfezione, come anche l'annullamento di tutte le cose.
- 10 = 1 + 0 = 1 illustra l'eterno ricominciare.

Il Dieci è il totale dei primi quattro numeri e perciò contiene la globalità dei principi universali. Corrisponde, come già detto, alla Tetraktys pitagorica, che insieme al sette lo considerava il numero più importante, in quanto è formato dalla somma delle prime quattro cifre (1+2+3+4=10), esprime la totalità, il compimento, la realizzazione finale.
- La Tetraktys rappresentava il numero 10 ed era disegnata come un triangolo fatto di punti: quattro per ogni lato, un punto al centro (oppure, un punto sul livello più alto, due immediatamente sotto, poi tre, e infine quattro).

La figura costituisce una disposizione geometrica che esprime un numero o, se si vuole, un numero espresso attraverso una disposizione geometrica. Il concetto che essa presuppone è quello dell'ordine misurabile.

Esotericamente, il vertice del triangolo, il punto più in alto, è il Logos; il triangolo completo è la Tetrade o Triangolo nel Quadrato, che è il doppio simbolo del Tetragrammaton di quattro lettere nel Cosmo manifesto, e del suo triplo raggio radicale (il suo Noumeno) nell'immanifesto.

Pitagora, com'è noto, associava il punto all'1, la linea al 2, la superficie al 3, il solido al 4; questi valori sono facilmente riscontrabili osservando la figura dall'alto verso il basso. I lati che chiudono i punti della Tetrade rappresentano le barriere della materia, o Sostanza noumenica, e separano il triangolo dal mondo del pensiero. Per Pitagora, il Triangolo era la prima concezione della Divinità manifestata, la sua immagine, Padre-Madre-Figlio; il Quaternario, invece, era il numero perfetto, la radice ideale, noumenica, di tutti i numeri e di tutte le cose sul piano fisico. Il numero Dieci è divino poiché perfetto, in quanto riunisce in una nuova unità tutti i principi espressi nei numeri dall'uno al nove.

Per questo motivo il numero Dieci è anche denominato Cielo, a indicare sia la perfezione sia il dissolvimento di tutte le cose, per il fatto che contiene tutte le possibili relazioni numeriche.

Esercizi fisici

Esercizio 1

Fate qualche esercizio di rilassamento scuotendo le braccia e le gambe.
Sedete sul pavimento con la schiena eretta e quindi effettuate per alcuni minuti la respirazione alternata.

Esercizio 2

Assumete la posizione del quadrupede ed eseguite per 7 volte l'esercizio "groppa del cavallo / schiena arcuata del gatto".

Esercizio 3

Sedete con le gambe chiuse e allungate in avanti dritte e appoggiate al suolo.
Mettete i palmi delle mani al suolo accanto alle natiche, con le dita rivolte all'indietro.
Inspirando portate il bacino verso l'alto; così facendo tutto il busto dovrebbe formare una linea col resto del corpo.
Riabbassate il bacino quando espirate.
Ripetete l'esercizio per 3 volte.

Esercizio 4

Da seduti congiungete le mani davanti al petto.
Il pollice destro sopra il pollice sinistro, entrambi posizionati tra i palmi, mentre le altre dita, rivolte verso l'alto, cingono i pollici, sui quali si può esercitare una leggera pressione.
Chiudete gli occhi, inspirate profondamente attraverso il naso ed espirando pronunciate ripetutamente il mantra "ram".
Ripetete 7 volte concentrandovi sull'ombelico.

Esercizio 5

Sdraiatevi in posizione supina e chiudete gli occhi.
Lasciatevi alle spalle tutte le preoccupazioni del quotidiano e osservate la vostra interiorità (pensieri, emozioni, corpo).
Posate quindi le mani al di sopra dell'ombelico sul ventre e sullo stomaco.
Fate scorrere il respiro quando inspirate ed espirate, immaginando di ricevere l'energia dal cosmo, che farete confluire al vostro plesso solare, vedendo con la mente questa energia di un bel colore giallo.
Ripetete per 5 minuti, poi posate le mani a terra e rilassatevi.

Pietre consigliate per il 3° Chakra

In cristalloterapia si considerano pietre del 3° Chakra quelle di colore giallo, di qualsiasi tipo di lucentezza o trasparenza.

I cristalli che possono riequilibrare il terzo chakra sono ambra, calcedonio giallo, calcite gialla, pietra del sole, occhio di tigre, pirite, quarzo citrino, quarzo rutilato, topazio imperiale.

La zona di posizionamento delle pietre è appena al di sopra dell'ombelico.

Sentitene l'energia che passa attraverso il chakra sacrale mentre la tenete in mano o la portate tramite anello o collana. Non bisogna acquistarle tutte, basta scegliete le pietre che si preferiscono o delle quali si è già in possesso.

Ambra

La parola Ambra deriva dall'arabo Anbar che, inizialmente, indicava una sostanza cerosa prodotta dallo stomaco del Capodoglio. Ovviamente, l'Ambra che conosciamo noi non si riferisce a quel tipo di prodotto, bensì a una miscela di composti organici (resina) fossilizzati.

La prima resina prodotta da alberi, antenati delle attuali conifere, si fa risalire a circa 250 milioni di anni fa, cioè nel periodo Mesozoico. Ma come è avvenuto il processo di fossilizzazione che ha portato alla creazione di questo straordinario dono della natura, impropriamente denominata pietra?

La resina, prodotta da alberi di grandissime dimensioni, si depositava al suolo iniziando la prima fase di fossilizzazione denominata polimerizzazione. Il processo successivo, chiamato appunto fossilizzazione, avviene dopo circa 5 milioni di anni dando come risultato quella sostanza, dall'aspetto vetroso, chiamata Ambra.

L'ambra, per definirsi tale, deve avere almeno 150.000 anni, altrimenti si tratta di Copale o Copalite che sono resine organiche che non sono abbastanza vecchie (meno di 100.000 anni) e non ancora fossilizzate e indurite a sufficienza per diventare ambra. L'ambra è stata da sempre considerata un amuleto fortemente protettivo e anti demoniaco.

Altamente protettiva, aiuta anche nella manifestazione delle proprie idee nella realtà quotidiana. Fortifica il plesso solare, dona chiarezza mentale, equilibrio e fiducia nelle proprie possibilità. L'ambra può aiutare le carenze del metabolismo, i problemi di udito e i disturbi allo stomaco. In Polonia la tintura di ambra è ancora considerata un rimedio efficace per i problemi di raffreddori, gola e vie respiratorie. La polvere di ambra viene inalata per portare sollievo a problemi respiratori.

La forza vitale all'interno dell'ambra promuove la fertilità e le sue proprietà protettive e di compensazione ambientale ne fanno un rimedio da utilizzare per preparare una guarigione o la maternità. L'ambra dona energia luminosa che è calmante ed energizzante al tempo stesso. Rigenera l'ambiente tirando fuori la negatività pesanti, se bruciata. Ricordarsi di pulire e purificare sempre l'ambra se usata per pratiche di cristalloterapia e di non lasciare mai l'ambra al sole in quanto può diventare fragile. L'ambra è ottima se accompagnata al jaietto, al diaspro fossile e alla corniola.

L'Ambra ha il potere di trasmutare le energie negative in energie positive. Ma, oltre questa grande facoltà, è usata come calmante di tutto il sistema nervoso. L'Ambra inoltre amplifica le proprie predisposizioni e capacità intellettuali. In generale si pensa che questa "pietra" possa agire su tutto il nostro corpo purificando le nostre energie infondendoci un profondo senso di calore.

Questo fa sì che il nostro corpo sia sempre protetto da eventuali malanni. Il Chakra ad essa abbinato è il 3°, quello dell'Ombelico e del Plesso Solare mentre il suo segno zodiacale è il Leone.

Calcite gialla

La calcite deve il suo nome alla parola latina "calx" che significa "calce", dato che per la calcite il principale componente è il calcare.

C'è un legame profondo tra la pietra calcite gialla e quella dei regni animali e vegetali e in tutta la natura; la reale capacità di andare avanti malgrado le influenze esterne prendendo parte attiva in quello che stiamo creando nella nostra vita.

La pietra calcite gialla è molto nota per la sua propensione alla purificazione, alla pulizia e in sintonia con il potere rigenerante e rivitalizzante della natura stessa. La calcite gialla è usata per rimuovere i vecchi motivi (blocchi) della vecchia energia stagnante presente in noi e per aumentare la motivazione personale e il senso di unità.

E' un'eccellente pietra per lo studio delle arti e delle scienze e per amplificare e aumentare qualunque tipo di energia, grazie alla proprietà di rifrazione doppia scoperta nella pietra nel 1669 da Erasmo Bartholinus.

- La calcite gialla può aiutare le ossa e le articolazioni ed equilibra la quantità di calcio nel corpo, contribuendo a migliorare l'assorbimento di importanti vitamine e minerali nel corpo.

Le proprietà della calcite gialla sono un buon aiuto per il lavoro energetico a distanza, visto il potere di amplificazione che può essere inviato.

Questa proprietà, insieme alla fluorescenza, alla fosforescenza, e alla termoluminescenza, hanno permesso fin dai tempi antichi di utilizzare la calcite gialla in incantesimi e nella magia rituale.

Occhio di tigre

La pietra chiamata "occhio di tigre" è un cristallo di quarzo, con splendide fasce di colore giallo dorato che lo attraversano. È un minerale potente che aiuta l'armonia e l'equilibrio, migliorando gli stati di ansia e paura. Stimola l'azione e aiuta a prendere decisioni con discernimento e comprensione, oltre che con una grande chiarezza mentale. Tradizionalmente viene usato come amuleto contro le energie negative, ed è noto per indurre al coraggio, alla fiducia in se stessi e alla forza di volontà. Esalta la creatività ed è una delle pietre che aiutano il risveglio della Kundalini.

Della pietra occhio di tigre è nota la reputazione di gemma meravigliosa per attrarre ricchezza materiale (e per migliorare la stabilità necessaria per mantenere tale ricchezza), abbondanza, stimolare la crescita dell'energia Kundalini e quindi la vitalità personale. La maggior parte di queste pietre provengono dal Sud Africa, ma si trovano anche in Brasile, India, Birmania, Australia e Stati Uniti.

- Il significato del nome "occhio di tigre" deriva dal fatto che assomiglia all'iride del felino: il colore va dal giallo al bruno e al marrone, attraversato da bellissime sfumature striate. Il minerale è un grande amplificatore di energia, come nella maggior parte dei casi di cristalli di quarzo, e aumenterà a sua volta l'energia di tutti gli altri cristalli con cui si utilizza.

Il movimento particolare, quasi liquido, della luce che riflette attraverso la pietra stessa, ha sempre reso l'occhio di tigre un ottimo strumento per la visione o per i lavori di divinazione. La pietra combina l'energia della Terra con quella del Sole, mantenendo forte il radicamento della persona che la usa, rivelandosi così anche un'ottima pietra da meditazione. Migliora il coraggio e la tenacia, permettendo che questi attributi siamo sempre bilanciati con chiarezza mentale e una visione gioiosa. Le proprietà dell'occhio di tigre vengono utilizzate anche per saper discernere la verità in ogni situazione e aiutare la comprensione della vita che si sta vivendo.

- I benefici possono contribuire a rallentare il flusso di energia attraverso il corpo, che rende la gemma molto utile per malattie legate allo stress.

Ottima pietra per l'artrite e le infiammazioni del tessuto osseo. Si dice sia utile nei casi di schizofrenia, vari disturbi mentali e l'ossessione impulsiva. Promuove il flusso di energia migliore attraverso il corpo quando la si indossa, diventando così un'ottima pietra per la concentrazione, in particolare per chi ha dei deficit di attenzione.

Questa pietra vibra molto con il chakra sacrale (o dell'ombelico) e dona un'energia utile a migliorare la creatività. La sua vibrazione all'interno di questo chakra aiuta anche le persone distratte o svogliate ad assumersi impegni e a portarli a termine, in quanto dona coraggio e forza d'animo.

Le pietre dorate, in genere, aiutano a rafforzare il principio maschile: il fuoco, o l'elemento solare in questo cristallo, stimola la capacità di manifestare i desideri più ardenti. Poiché l'occhio di tigre lega al terreno attraverso il chakra di base, aiuta a essere più calmi e centrati: permette, in altre parole, di prendere le misure necessarie per essere più pratici nella vita. Con l'occhio di tigre si stimola anche l'aumento dell'energia Kundalini, il serpente arrotolato che risiede alla base della colonna vertebrale. Quando viene stimolato, può salire attraverso la spina dorsale: si dice che questo processo può portare all'illuminazione.

Se si desidera utilizzare l'occhio di tigre per questo scopo, si può combinare con esso il serpentino, che a sua volta faciliterà il processo di risveglio della Kundalini.

Si suggerisce di utilizzare l'occhio di tigre in combinazione con Quarzo Ialino, il Serpentino e la Pietra di Luna.

Pirite

La pirite, deve il suo termine dal greco "pyros" letteralmente "fuoco", dato il formarsi di scintille quando viene colpita.
I francesi chiamano la pirite "Pierre de Santé", che significa "pietra della salute", data la forte convinzione già prima del Medio Evo dei suoi effetti positivi per la salute in generale.
La pirite, vista la somiglianza con l'oro, ne ha fatto in tutte le latitudini e culture nel mondo un forte simbolo tradizionale per attrarre il denaro e la buona fortuna. Inoltre la pirite simboleggia il calore e la presenza vitale e duratura del sole, favorendo il richiamo di bei ricordi d'amore e d'amicizia. La pirite può aiutare donando una sensazione di maggiore vitalità durante i periodi di duro lavoro o di maggiore stress. La pirite può aumentare la resistenza fisica, stimolare l'intelletto e aiutare a trasformare il pensiero in azione intelligente. Fortemente consigliata alle persone che affrontano giornalmente grandi idee concettuali, nel mondo degli affari, delle arti o dell'istruzione. Le sue proprietà rafforzano le capacità mentali e la consapevolezza di forme superiori di conoscenza. Può migliorare la capacità di comunicazione allontanando l'ansia e la frustrazione. Gli impulsi creativi e intuitivi possono essere maggiormente stimolati se utilizzata insieme con fluorite e calcite.

Pietra del Sole

La pietra del sole è conosciuta anche con il nome di heliolite, il cui significato deriva dal greco "helios" che significa "sole" e da "lithos" che significa "pietra". La pietra del sole è stata utilizzata nella Grecia antica per rappresentare il Dio Sole, Helios (o Apollo). In Grecia si credeva che la pietra del sole rinvigoriva e migliorava lo stato del corpo fisico e lo spirito, portando rinnovata salute a entrambi.

Questa gemma particolare è stata apprezzata dagli antichi maghi, che usavano la pietra del sole per attirare la forza del sole associandola al potere e alla ricchezza materiale. Le proprietà della pietra del sole sono note per la sua potente connessione alla luce e la potenza del sole, conferendo un carattere solare. Essa porta la luce a tutte le situazioni, ed è una pietra ottimale per il chakra del plesso solare.

- E' una pietra potente per dissipare paure e fobie di ogni genere, aumenta volontà, così come l'energia vitale personale.

Può fornire la capacità di resistenza e l'energia necessari per intraprendere progetti e attività che possono trovare ostacoli oggettivi. Ottima per la cronicità del mal di gola e per alleviare il dolore delle ulcere gastriche.

Usata anche per cartilagine, reumatismi e dolori generali. Aiuta anche a trovare e mantenere un proficuo rapporto sessuale. Portata a stretto contatto, stimola il potere personale di attrazione.

La proprietà della pietra del sole vengono esaltate se utilizzata assieme alla pietra di luna, specie nei solstizi, nei rituali personali, nei lavori energetici e incantesimi. Insieme rappresentano l'equilibrio di potere tra le caratteristiche fisiche e le caratteristiche psichiche e spirituali.

La pietra del sole è molto utile nella rimozione di legami energetici o fili karmici da altre persone o cose, e si rivela pietra fondamentale nella cristalloterapia dato l'incremento energetico che può aggiungere ad altre pietre.

Quarzo citrino

La pietra quarzo citrino prende il nome da citrin, vecchia parola francese che significa giallo.
Quasi tutto il citrino che è disponibile oggi sul mercato in realtà è la pietra ametista (quella di più scarso valore e bellezza) che viene sottoposta a un elevato trattamento termico. Il quarzo citrino naturale va da un giallo pallido sino a un giallo più intenso. Tutto ciò che è arancione scuro, marrone, sino al bruno-rossastro, è stato trattato termicamente. Unica eccezione a questo è il citrino più scuro dal nome Citrino Madeira, chiamato così per la somiglianza del colore ai vini di Madera.
Si tratta di una pietra che nei tempi antichi è stata usata come protezione contro i veleni e contro le turbe psichiche.

- Il quarzo citrino aumenta l'energia di guarigione del corpo fisico e apre la mente cosciente all'intuizione.

Un cristallo energizzante, tonificante contro la stanchezza cronica e altamente benefico, aumenta anche la motivazione interna e promuove l'attività fisica, che a sua volta migliora la digestione e aiuta gli organi di pulizia.
Può anche funzionare come disintossicante per il sangue. Sviluppa calma interiore e sicurezza e ci rende meno sensibili e più aperti alle critiche costruttive. Può dissipare sentimenti negativi e ci aiuta ad accettare il

flusso degli eventi. Il quarzo citrino può eliminare comportamenti autolesionisti o tendenze tali e aumentare l'autostima.

E' conosciuto anche come una pietra "del successo" perché è capace di promuovere il successo personale e l'abbondanza, soprattutto nel mondo degli affari e del commercio.

Il quarzo citrino può aumentare il proprio ottimismo in ogni situazione, portando una visione più positiva nella mente subconscia, permettendo di entrare nel flusso delle cose con risultati migliori. Altamente protettivo, può essere facilmente programmato per la propria protezione personale, questo lo rende un ottimo strumento per trasmutare l'energia negativa.

Può aiutare la memoria, la forza di volontà e motivare maggiore autodisciplina.

Quarzo rutilato

Il quarzo rutilato è un tipo di quarzo che presenta all'interno del rutilo (biossido di titanio) in forma aghiforme. Gli aghi di rutilo possono essere rossastri, o possono essere d'oro, d'argento, o in occasioni molto rare, di colore verdastro.
Le inclusioni del quarzo rutilato sono chiamate fin dal medioevo, capelli di Venere, e da quel periodo nasce la credenza che la pietra possa rallentare il processo di invecchiamento.
Il quarzo rutilato è una pietra che ha sia l'energia della vibrazione energetica del quarzo ialino, sia il potere di amplificazione del rutilo, che la rende molto utile se abbinata ad altre pietre, in particolar modo la labradorite, il quarzo citrino e la calcopirite. Le proprietà del quarzo rutilato lo rendono un illuminatore per l'anima, una pietra per promuovere la crescita spirituale. La pietra è nota per essere una pietra energizzante che aiuta a ottenere e rilasciare energia a tutti i livelli.
Si dice che possa anche alleviare la solitudine imposta e alleviare i sensi di colpa generati dagli altri, rendendo così possibile la felicità.
Può aumentare la propria autonomia e autostima infondendo la capacità di trovare la propria strada.
E' una pietra utile per i disturbi alimentari, e l'assorbimento dei nutrienti dal cibo, la rigenerazione dei tessuti, la stanchezza, e la depressione. Viene usato

per la meditazione, nelle comunicazioni spirituali, e il lavoro sui sogni lucidi.

Pietra particolarmente idonea per la ricerca di maggiori esperienze spirituali e la meditazione sulle energie femminili.

Il quarzo rutilato può essere utile per muovere l'energia lungo i meridiani e nelle zone fisiche dove l'energia ristagna.

Topazio Imperiale

Il topazio di color giallo dorato intenso, così come già accennato, è chiamato "imperiale".
Per la comunità Indù, indossare questo minerale vicino al cuore dona lunga vita, bellezza e intelligenza. Gli antichi Egizi credevano che il topazio giallo proteggesse da tutte le negatività, associando il colore giallo al dio del sole Ra. Allo stesso modo, i Romani collegavano il minerale sempre al sole.
Gli antichi Greci vi facevano ricorso quando avevano bisogno di ripristinare la loro forza e per garantirsi protezione: erano infatti convinti potesse avvicinare alle divinità.
Si ritiene che il cristallo sia estremamente energizzante, essendo una pietra calda. Promuove la creatività, e apporta senso di fiducia e di protezione. Libera da energia stantie e negative, dalla fatica e dalla tensione.
Alcuni credono che il topazio imperiale, infine, sia utile per prevenire furti e incendi.
Non ultimo, sarebbe efficace in caso di insonnia, depressione e attacchi di panico, poiché conferisce un atteggiamento positivo e ottimista.
Infine, rafforza il flusso di energia, protegge il cuore, migliora la circolazione sanguigna, allevia il dolore da artrite reumatoide, protegge reni, fegato e ghiandole endocrine.

www.ingramcontent.com/pod-product-compliance
Lightning Source LLC
Chambersburg PA
CBHW071311060426
42444CB00034B/1775